NAS TELAS DO INFINITO

Nas Teias do Infinito

Yvonne A. Pereira

Nas telas do Infinito

Pelos Espíritos
Bezerra de Menezes e Camilo Castelo Branco

Copyright © 1955 *by*
FEDERAÇÃO ESPÍRITA BRASILEIRA – FEB

13ª edição – 10ª impressão – 1 mil exemplares – 8/2024

ISBN 978-85-7328-784-4

Todos os direitos reservados. Nenhuma parte desta publicação pode ser reproduzida, armazenada ou transmitida, total ou parcialmente, por quaisquer métodos ou processos, sem autorização do detentor do *copyright*.

FEDERAÇÃO ESPÍRITA BRASILEIRA – FEB
SGAN 603 – Conjunto F – Avenida L2 Norte
70830-106 – Brasília (DF) – Brasil
www.febeditora.com.br
editorial@febnet.org.br
+55 61 2101 6161

Pedidos de livros à FEB
Comercial
Tel.: (61) 2101 6161 – comercial@febnet.org.br

Adquirindo esta obra, você está colaborando com as ações de assistência e promoção social da FEB e com o Movimento Espírita na divulgação do Evangelho de Jesus à luz do Espiritismo.

Dados Internacionais de Catalogação na Publicação (CIP)
(Federação Espírita Brasileira – Biblioteca de Obras Raras)

M543t   Menezes, Adolfo Bezerra de (Espírito)

         Nas telas do infinito / pelos Espíritos Adolfo Bezerra de Menezes e Camilo Castelo Branco; [psicografado por] Yvonne do Amaral Pereira. – 13. ed. – 10. imp. – Brasília: FEB, 2024

         192 p.; 23 cm – (Coleção Yvonne A. Pereira)

         Conteúdo: pt. 1. Uma história triste / pelo Espírito Adolfo Bezerra de Menezes – pt. 2. O tesouro do castelo / novela mediúnica narrada pelo Espírito Camilo Castelo Branco.

         ISBN 978-85-7328-784-4

         1. Romance espírita. 2. Obras psicografadas. I. Castelo Branco, Camilo (Espírito), II. Pereira, Yvonne do Amaral, 1900-1984. III. Federação Espírita Brasileira. IV. Título. V. Coleção.

                                                                   CDD 133.93
                                                                   CDU 133.7
                                                                   CDE 80.02.00

Eu fui arrebatado em espírito um dia de domingo, e ouvi por detrás de mim uma grande voz, como de trombeta, que dizia: [...] o que vês, escreve-o em um livro, e envia-o às sete igrejas [...].

João (Apocalipse, 1:10-11).

Sumário

Primeira Parte:
Uma história triste   9

     1   11
     2   25
     3   33
     4   45
     5   55

Segunda Parte:
O tesouro do castelo   61

1 O voo de uma alma   63
2 O castelo negro   71
3 História lagrimosa de dois fidalgos   77
4 O demônio do castelo   89
5 A herança   101
6 Uma alma em aflições   107
7 Aurora   137
8 O morto fala!   151
9 O tesouro do castelo   179

Primeira Parte

Uma história triste

Pelo Espírito

Adolfo Bezerra de Menezes

1

Em certo dia de novembro de 1928, um desgosto doméstico fez-me julgar a vida muito amarga, levando-me a me sentir infeliz, deserdada da sorte. Advertida severamente por minha mãe, ante a blasfêmia proferida, recrudesceu a intensidade do desgosto, e lágrimas abundantes, então por mim consideradas pungentíssimas, irromperam de meus olhos, dramatizando a cena com o aspecto exagerado com que o meu pouco senso houvera por bem circulá-la. E, no entanto, meu Deus, tão insignificantes foram as causas geradoras daquela contrariedade, que, hoje, descerrando os brandos véus da memória para traçar estas páginas — já me não recordo delas, absolutamente esquecidas que foram nas sinuosidades de quase três decênios...

Profundamente amargurada, porém, recolhi-me ao meu humilde aposento de dormir, que deitava ampla janela para a estrada que limitava os fecundos campos da Escola Agrícola (Instituto Gammom), notável estabelecimento de ensino superior ainda hoje existente na cidade de Lavras, no estado de Minas Gerais, e onde, então, eu residia. Encostei-me ao peitoril da janela, pondo-me a contemplar a harmonia do dia cheio de Sol. Ao longe, nas colinas pujantes de verdura, os ipês floresciam, mesclando de suaves tonalidades policrômicas a paisagem recortada no horizonte pelos traços ziguezagueantes das montanhas. E aqui, bem ao alcance de minhas vistas, os campos de cultivo, onde, frequentemente, futuros agrônomos experimentavam conhecimentos agrários — grandes chapéus de palha à cabeça, arado às mãos, quais rijos sertanejos crestados pelas ondas fulvas do sol; os pastos, onde o gado roía a erva tenra e saborosa; as alamedas majestosas das jabuticabeiras do pomar do magnífico Instituto, pejadas de frutos maduros; os bambuais flexíveis, ameigando-se em galeios ternos a cada carícia da viração que passava, perfumada pela essência dos ipês; os pássaros melodiosos, apresentando orquestração fantástica nos cânticos variados, multiplicando árias e melodias, hinos e harmonias sublimes, lembrando o coro arrebatador das esferas do Mundo Espiritual, tal a grandiosidade do concerto apresentado, a inteligência com que se provocavam e se respondiam, a mirífica beleza das modulações e das cromáticas inimitáveis, engendradas pelo sublime dom com que a Criação os prendera... pois Lavras é famosa pela variedade e quantidade de pássaros que possui...

    Calando docemente em meu Espírito desarmonizado com a Natureza, tão rica de suavidades, o espetáculo bucólico pouco a pouco corrigiu as asperezas com que o mau gênio me rodeara a mente... Senti o encanto divino, que se desprendia da harmonia apresentada pela Natureza, infiltrar-se por minha sensibilidade, dominando-a, serenando-a aos beneficentes ósculos do majestoso exemplo... Como por encanto, reconheci-me fortemente unida àquela doce Natureza, sempre tão linda e tão boa, expressando a carícia de Deus nos detalhes que deixava à contemplação do pensador! Aqueles ipês, as messes ricas e generosas, que além cresciam protetoras e amigas; o gado e os pássaros, o arvoredo copado e altivo, o firmamento azul e até o astro radioso que a tudo envolvia, emprestando beleza e vida — palpitaram também nos refolhos do meu ser, como me enlaçando em fraternal amplexo; circularam em minhas artérias singulares homogeneidades, ao mesmo tempo que me dulcificavam o coração conturbado, tonificando as ondas mentais, que se predispuseram a uma grata comunhão com o divino! Lembrei-me então de Francisco de Assis, que, iluminado pelo conhecimento das Ciências superiores, se sentia irmanado a todas as manifestações da Criação — aos ventos como ao Sol, às águas como aos animais, à rosa como às árvores! E, recitando mentalmente o cântico do Sol, fora como uma prece que meu Espírito houvera oferecido ao supremo Idealizador de tantas magnificências...

Eis, porém, que corrente magnética vigorosa despejou sobre minhas faculdades anímicas a atração irresistível de suas forças superiores...

Pressenti que almo fantasma, provindo de esferas beijadas de amor e de luz, chamava-me para algo importante, e que me não seria lícito desatender o honroso convite...

O envoltório carnal se me enrijecia como se brandos acenos da morte libertadora descrevessem aleluias para o meu Espírito desejoso do grato retorno ao lar espiritual... Procurei então o leito e adormeci sob a forte injunção do sono magnético...

Desperto em seguida, mas em corpo espiritual, entrando em luta para me despegar do fardo carnal, ao qual me sentia vinculada por invencíveis cadeias... Despego-me parcialmente, depois de luta mortificante, dolorosa!

Foi para minha mãe o primeiro pensamento, uma vez de posse da liberdade facultada pelo sono magnético. Procuro-a pelo interior da casa. Descubro-a sentada à sua máquina de costura, pensativa e tristonha como sempre. Beijo-lhe carinhosamente a fronte, rogando-lhe perdoasse a contrariedade que lhe acabara de dar; acaricio-lhe os anéis alvos dos cabelos... Ela não me pode ver, porém... e o panorama exterior atrai-me irresistivelmente... Lembro-me de que galguei o peitoril da janela junto à qual minha mãe trabalhava e saí, atirando-me pelo espaço diluído em luz, qual pluma a que ímã singular sustentasse, conservando-a equilibrada na atmosfera...

Alegria insopitável cantou inefável felicidade nas profundezas do meu ser... Sublimou-se ante meus olhos espirituais a beleza havia pouco entrevista na paisagem contemplada com a visão material...

Aproximei-me dos bois mansos que pastavam pachorrentamente, segurei nos chifres de um deles e disse-lhe, pensando no suave poeta-santo de Assis: "Vós sois meus irmãos menores...", quando repetia, com o mesmo amável servo do Senhor: estas árvores, estes pássaros, estes ipês, este mesmo Sol, são todos meus irmãos perante Deus!...

Espantou-se, no entanto, o nobre animal que eu cumprimentara, sacudindo a grande cabeça: teria distinguido o meu fantasma?

Depois... Nada mais senão pesada inconsciência...

Ao recobrar a lucidez esvoaçava sobre a formosa Enseada de Botafogo, no Rio de Janeiro, cujas águas ondulantes cintilavam quais esmeraldas líquidas à luz dourada do sol. Protegiam-me não sei que ondas fluídico-magnéticas excelentes, as quais envolviam meu fantasma e o sustinham vigorosamente, equilibrando-o no ar sem ameaças de despenhá-lo das alturas, mergulhando-o no seio temeroso do abismo esmeraldino. Das águas, aragens vivas subiam, impregnando minha organização físico-espiritual de refrigérios brandos, como tônicos reconstituintes capazes de beneficiá-la, levando-a à recuperação de forças despendidas, como à aquisição de energias novas, fertilizantes, distribuidoras de saúde.

Possuída por insólita alegria, abandonei-me a risos prazerosos, satisfeita com a inestimável liberdade que desfrutava. Pus-me a evolucionar como a folha conduzida pelo sopro vivo dos ventos — dançava, cabriolava, bailava evocando passos clássicos, dos quais eu muito gostava, ao som de melodias que eu mesma recordava e ia entoando a bom fôlego; descia até tocar o leito líquido das ondas; subia rompendo o espaço, como a gaivota alígera e destemida — as vestes e os cabelos esvoaçando gentilmente ao sabor dos ventos...

Se, por vezes, impulsos mais fortes ameaçavam precipitar-me para o abismo, puxões imediatos levantavam-me para a altitude conveniente

— fantoche que eu seria, equilibrado graças à proteção de alguma caridosa entidade portadora de eflúvios generosos... E então, destemerosa, mesmo inconsciente, prosseguia na brincadeira inefável com as amáveis brisas marítimas...

Em dado instante, silhueta nívea e vaporosa desenhou-se sutilmente à minha vista, revelando-me que estivera eu acompanhada durante todo esse tempo... Vi-a à frente, de costas voltadas para mim. De vez em quando, por certo pela intuição, distinguia nessa entidade o aspecto varonil, pois entrevia-lhe os contornos, indecisos, de barbas veneráveis, muito brancas e translúcidas. Profundo respeito fez-me dominar a alacridade. Detive-me entre indefinível estado de temor e veneração.

É que, aquela silhueta, que a custo se deixava perceber entre as bênçãos magnânimas do sol e os eflúvios sadios do oceano — era o amigo desvelado desde muitos anos, o assistente espiritual muito querido, que desde a infância eu aprendera a venerar como o apóstolo da Doutrina dos Espíritos em terras do Brasil, o mesmo cujas irradiações protetoras e cândidas diariamente me permitiam o trabalho de receituário no Centro Espírita de Lavras, onde as sementes da Boa-Nova então começavam a germinar em promessas compensadoras para o futuro — depois que o vulto nobre de Augusto José da Silva, o médico humanitário e inesquecível, arroteara a terra com o arado generoso da fé...

Era Bezerra de Menezes!

Seria?...

Por que não, se, como apóstolo, deveria estender os perfumes da caridade cristã por toda a parte em que os encargos da vinha do Senhor o conduzissem?...

Seguiu o fantasma translúcido e bem-amado, distanciando-se do leito das águas. Acompanhei-o como atraída por irresistível imanização, ao seu encalço sempre, jamais lado a lado...

Deslizávamos agora pelas ruas da capital, à altura de um primeiro andar. O casario maciço da cidade antiga estendia-se qual colmeia agitadíssima, aquecida aos fogos das preocupações diárias como do verão abrasador... Por vezes, dotada a minha visão, momentaneamente, de poderosos raios de penetração — mau grado meu — era-me permitido surpreender a intimidade de certos domicílios localizados na altura por que transitávamos. Afligia-me, porquanto nem sempre distinguia cenas edificantes...

Assim deslizando reconheci a praia do Flamengo, cujas águas serenas o Sol incendiava com milhões de reflexos de ouro, os quais se multiplicavam ao sabor dos galeios das ondas, ofuscantes e pródigos. Passei pelo Catete — o bairro presidencial, de tantas emocionantes recordações —, pela Glória... Atingi o centro da cidade, a Cinelândia chamada, com seu formoso painel configurando a Praça Paris e o azul indescritível do mar, sempre altaneiro e sedutor... Agora, o maciço de ruas estreitas e abrasadas pelo calor insuportável surgia, estendido a meus pés num estranho atapetado de telhas e cumeeiras, ruas, em sua maioria, hoje desaparecidas para a construção da magnífica Avenida Presidente Vargas; a antiga estação da Central do Brasil, velha e acachapada, pois, por esse tempo — 1928 —, não se cogitava ainda da soberba construção da atual Estação D. Pedro II...

Distraía-me sobremodo o giro inesperado.

Então, eu jamais visitara o Rio de Janeiro, e somente em 1930 me foi concedida a satisfação de reconhecer os mesmos locais por mim visitados em corpo espiritual.

Meu admirável guiador deixava-me à vontade, entregue às minhas próprias apreciações. Não emitia quaisquer considerações. O que deixava evidente, entretanto, era que me atraía a determinado local para algum nobilitante empreendimento, porquanto não seria possível que seu desígnio se limitasse, simplesmente, a me proporcionar um passeio agradável, com o fim único de ociosa distração. Eu o compreendia, sem que, não obstante, me fosse permitido prever as intenções por ele guardadas.

Eis, porém, que agora se prolongava aos nossos olhos de fantasmas alados a fita interminável dos trilhos ferroviários da Central, reluzindo ao Sol o aço polido quais serpentes sinuosas, e sobre os quais os trens do subúrbio trafegavam o dia todo por entre nuvens de fumaça e silvos agudos e estridentes...

Lauro Muller, São Cristóvão... A Quinta da Boa Vista, por onde se diria passear ainda a sombra veneranda de D. Pedro...

Intrigada, lembrei-me subitamente de certo poema de Castro Alves, colocado em situação idêntica numa das suas fantasias poéticas, e o qual trazia este verso: "Onde me levas mais, anjo divino?"

A recordação do verso valeu por uma interrogação. A resposta não se fez esperar, pois que, tal como se poderosa centelha telepática me indicasse intuitivamente o local para onde nos dirigíamos, vislumbrei à direita e à frente, envoltas como que em nuanças plúmbeas, montanhas povoadas de casebres miseráveis e sórdidos, significativos exemplares das muitas chagas que ainda hoje envilecem a face da capital, que o bom humor de um poeta denominou — maravilhosa, cumulando de responsabilidades as suas sociedades elevadas e o seu governo.

Oh, os morros!

Antros sombrios de vícios e de crimes!

Amargos redutos da miséria, da desonra, do sofrimento superlativo, onde a ignorância e a desgraça se aliam para o trágico prolongamento de complexos confrangedores, insolúveis no decorrer de uma só existência!

Sim! Meu nobre amigo conduzia-me ao Morro do Querosene.

Galgamos a encosta... Aos primeiros lances, a realidade dos primeiros casebres surgia... Afigurou-se-me, então, haver penetrado um mundo desconhecido, ao mesmo passo que impressões vigorosas e chocantes começavam a despertar angústias nas sensibilidades do meu ser.

Nos dias atuais os morros abrigam também elevada porcentagem de habitantes honestos, operosos trabalhadores que heroicamente vencem as dificuldades da existência na dureza do esforço pelo pão de cada dia; operários humildes, impossibilitados de oferecerem às famílias habitação condigna, dada a excessiva alta nos preços dos alugueres, pois, na capital da República, como, possivelmente, por todos os recantos deste imenso Brasil, dá-se o fenômeno de não existir ainda um programa de longo alcance tendente a proporcionar vivenda às classes menos favorecidas.

No Rio de Janeiro, constroem os pobres, então, geralmente nos morros, os seus "barracos", ora de tábuas velhas, ou de caixotes que compram, vazios, nos armazéns, e folhas usadas de zinco, ora em tijolos e adobes, por eles próprios fabricados com a admirável vontade que têm de vencer, ou ainda servindo-se de material de demolição; e, ali, passam então a amargar o desconforto, a dificuldade angustiante que a sequência dos dias apresenta, sem água, sem luz, sem escolas, sem esgoto, sem garantias sociais em pleno Distrito Federal, à mercê de vizinhos desordeiros, legítimos habitantes do bairro, que bem lhes poderão arrancar até a vida, de um momento para outro! Pela época a que nos reportamos, porém, os morros primavam pela ausência de habitantes honestos, apresentando antes elevado coeficiente de criminosos, viciados e desocupados, que faziam da ilegalidade as normas por que se pautavam.

Até então eu ainda não pudera conceber panorama tão completo de sofrimento e degradação como aquele que se descortinava às minhas apreciações fortemente aguçadas pelas correntes de intuição provindas do inestimável concurso da entidade guiadora. Minhas impressões, pouco a pouco, se tornavam insuportáveis, num crescendo lastimoso de surpresas chocantes para minha alma habituada à doçura de normas sadias, no convívio de uma sociedade fraterna e honesta, do interior de Minas. No decurso de minha existência tivera ocasião de conhecer pocilgas e cavalariças mais higiênicas e confortáveis do que aqueles antros infectos onde definhavam, premidas pela miséria irremediável, criaturas humanas que antes deveriam ascender para Deus, socorridas por seus semelhantes colocados em melhor situação no plano social. Conhecera cães muito mais alimentados e afagados que as míseras crianças que aqui e além se me deparavam aos olhos espirituais — famintas, desgrenhadas, imundas, doentes, irritadas, mal-educadas, pequenos selvagenzinhos já viciados no despontar da vida, assinalados por um destino implacável!

Mau grado meu, via-me obrigada a exame penetrante, a que absolutamente nada escapava, como se o mestre que tão generosamente me conduzia houvesse por bem lecionar intuitivamente profunda aula analítica! Sentia repercutir no recôndito de meu ser os intraduzíveis efeitos dos males que enredavam aquela pobre gente num círculo férreo de irremediáveis situações, tal como sentira, havia pouco, penetrar minha alma os doces eflúvios da Natureza cheia de encantos e a vivacidade reconstituinte do magnetismo marítimo... Suas impressões e sensações transfundiam-se em minhas sensibilidades espirituais, deixando-me aturdida e confusa, a sentir e sofrer com ela todos os seus dolorosos, dramáticos impasses!

Do íntimo daqueles seres infelicitados pelo desamparo social eclodiam sentimentos de ódio, de revolta, de ciúme e despeito, enquanto todas as atitudes que lhes eram habituais comprovavam o vírus do desânimo corroendo-lhes os impulsos de reação; a brutalidade dos instintos, os vícios generalizados, tudo o que o sofrimento superlativo poderá produzir de mau, tudo o que a fome, a ignorância, a má educação, a falta de crença em Deus, a enfermidade física e moral forem capazes de fomentar no caráter humano; e todo o impressionante volume das amarguras daí consequentes se despejava sobre mim qual nuvem tempestuosa que me envolvesse num invencível turbilhão, elevando as aflições, que me causava, a um estado tal de sofrimento que, aterrorizada, bradei entre lágrimas, presa de intensa alucinação:

— Basta, por piedade! Não posso ver mais!

Planávamos a meio da grande encosta.

Ao longe o panorama da cidade se estendia pitoresco, orlado da fita azul do mar. A nobre entidade estacou de súbito e, tornando-se mais compreensível à modéstia das minhas faculdades, disse gravemente, entre acentuadas expressões de tristeza:

— Estamos num dos locais mais menosprezados e esquecidos pelas sociedades do Rio de Janeiro, a famosa capital de lindas baías e praias galantes, oh! a alegre metrópole onde Momo[1] impera sob desperdícios e excessos funestos!... Aqui, neste local, como nos seus congêneres, sofre-se a dor no que ela apresenta de mais ríspido e confrangedor!

"Aqui existe a fome — esse espectro satânico a comandar sequências irremediáveis!

"Compreenderás tu, porventura, o que sejam horas e dias torturados pelo suplício abominável da falta do pão cotidiano?

"Não! Porque o desconheces — na presente existência, pelo menos...

"O faminto, minha filha, o pobre ser agrilhoado ao tronco desse inavaliável tormento, nem mesmo possui coração para poder amar, tampouco sensibilidade que o leve a se inclinar para o que é belo, o que é digno, o que é correto e bom! Ele enlouquece e se desorienta sob o

---

[1] N.E.: Na mitologia grega, Momo é a personificação do sarcasmo, das burlas e de grande ironia.

esmagamento cruciante dessa obsessão imperiosa! Só sente, bradando por todos os recôncavos do seu ser, a necessidade urgentíssima de se socorrer, aliviando-se do mal que o tortura, enquanto a visão do alimento que lhe não é dado obter imprime-se em sua mente qual miragem obstinada que o ordenasse conquistá-lo, sem importar os meios a empregar a fim de alcançá-lo, nem a origem de que provenha! Por isso mesmo, observarei em tempo: — socorrer o faminto, agraciando--o com fraterna cooperação em hora tão adversa; proporcionar-lhe trabalho honroso que lhe faculte prover a subsistência; exercer caridosa proteção ao incapaz para o trabalho, que se agita e sofre entre os acumes da necessidade — não será tão somente apaziguar entranhas físicas a reclamarem o sustento indispensável. É, principalmente, consolar-lhe a alma dilacerada pela desventura! É, acima de tudo, soerguer-lhe o coração que, como os demais, foi criado para as funções nobilitantes do amor!

"Há pouco tu te consideraste infeliz e teu pensamento blasfemou, faltando-te tolerância para enfrentar passageira contrariedade. Como és frágil, minha filha, e como lamento tal fraqueza, imprópria que é do adepto do testamento de Jesus!

"Infeliz, tu?! E por quê?...

"Porventura é deserdado o crente cujas mãos sustêm o Evangelho do Senhor, o qual foi escrito para ele, e que para ele não mais apresentará mistérios nem dificuldades de penetração porque gloriosa intuição condu-lo por entre suas páginas redentoras?... Será desgraçado aquele que confia numa eternidade promissora, no seio da qual espera conquistar os mais legítimos triunfos, cercado das bênçãos paternais de um Ser todo amoroso e todo-poderoso?... Que crê porque sabe, que sabe porque lhe foram concedidas provas convincentes, e que a seu lado sente vibrar as sombras desveladas do Além, como tu neste momento?...

"Infelizes, se porventura o são, devem ser estas crianças que acolá contemplas, desprovidas de qualquer conforto e assistência!

"Dor — é o que estas mães padecem ao verem reduzido a frias cinzas o tosco fogão enquanto a criançada se põe a murmurar com fome!

"Infortúnio — é o que atinge estes homens ébrios e vencidos no verdor dos anos, aos quais a resistência faltou em meio do caminho das expiações, fazendo-os delinquir, agravando, assim, as responsabilidades carreadas de um passado espiritual ominoso. Brutalizados ao contato dos vícios, espancam a companheira e maltratam a prole, acusando-as pelos ininterruptos insucessos da existência!

"Desventuras, lágrimas, amarguras, não são, minha amiga, os contratempos que te ferem, porquanto, se sofres, o Evangelho se desfolha à tua compreensão de aprendiz, aveludando tuas rotas com os imarcescíveis bálsamos das palavras do Senhor, que tanto aplacam as ansiedades na alma do crente! Se choras, amigos desvelados do Plano Invisível acorrem concedendo-te solidariedade, ministrando-te reconforto, recolhendo tuas lágrimas para reacenderem nos refolhos de teu espírito os fachos beneméritos da esperança! Desventura, dor — serão, portanto, o acervo de impasses e complexos que se acumularam no trajeto destes que aqui contemplas e cuja presença impressiona tão mal as tuas faculdades — pois és sensitiva e jamais concebeste imagens tão fortes da realidade da vida humana!

"Mas... além, no ápice deste monte, existe certo Espírito, também chumbado à gleba da expiação, ao qual desejo que conheças a fim de, em seu exemplo, sorveres a lição de que necessitas. Trata-se de uma jovem de pouco mais de 20 primaveras, frágil criatura que se elevou acima de todas as ignomínias com que deparou ao longo da existência que escolheu, pura e boa qual o lírio imaculado de brancuras e perfumes que floresceu nos beirais dos pântanos!

"Ah! Não foi senão na intenção de visitá-la que meu pensamento te atraiu até este local, proporcionando-te de passagem o ensinamento que tudo isto representa...

"Subamos ainda..."

Vi-me, em seguida, no interior de um cubículo miserável, cujas paredes de zinco enferrujado e furado deixavam coar para dentro a aragem fria e recalcitrante dos locais muito elevados. A um ângulo duas meninas, regulando 10 e 12 anos, choravam em silêncio. E, ao outro extremo, uma jovem loura e esquálida, sucumbindo sobre míseros restos de colchão estendidos ao longo de estreita folha de zinco, posta sobre o chão de terra. Cobriam-lhe o magro corpo de flor que definhava, em pleno alvorecer da existência, algumas roupas já muito usadas, restos de cobertores e velho pedaço de um saco de estopa.

A jovem gemia dolorosamente, enquanto de momento a momento fortes acessos de tosse faziam-na vibrar, presa de convulsões sufocantes. Suores abundantes, exalando odor desagradável, molhavam o travesseiro imundo; e a febre alta, ressecando-lhe a pele macilenta, tingia-lhe as faces de um rosa vivo, fazendo-a delirar por entre gemidos que oprimiriam o mais indiferente coração.

— Tuberculose! — exclamei, atormentada por angústia indefinível.

— Sim, tuberculose! — afirmou o respeitável orientador. — Poucos dias lhe restam já de sofrimento! É o calvário da agonia que avança rumo à liberdade! Pobre criança! Carregou com heroísmo a cruz do martírio imposto pela consciência como reparação devida a um passado de quedas fortes... e, agora, aureola-se da augusta coroa dos redimidos para ascender a novas fases de progresso no carreiro da evolução...

Espalmou sobre a fronte violácea da enferma a destra luminosa, transmitindo-lhe bálsamos celestes que se liquefaziam em pequeninos chuveiros de luz imaculada. Prostrou-se a doente, acalmada sob a ação benemérita do visitante generoso, adormecendo sem relutância...

À minha sensibilidade espiritual desenrolou-se então, rapidamente, em linhas retrospectivas, a amargurosa odisseia das três jovens abandonadas — exibiu-ma a vontade poderosa do nobre instrutor, que reviveu, com a magia da sua palavra elucidativa, o acervo de desditas que ali se epilogava — qual um filme realista a que me fosse dado assistir, intensamente dramático, desses que os variados planos sociais do Rio de Janeiro nos apresentam diariamente, na sua programação aviltante e dolorosa...

2

Viviam da caridade pública. As duas crianças desciam, todas as manhãs, as escarpas da montanha famosa. Maltrapilhas, desgrenhadas, famintas, trágico emblema do descaso de uma sociedade que diariamente se compromete na desatenção com que presencia as adversidades alheias, lá iam ambas pelos arredores, às vezes muito mais longe, pedir a este e àquele transeunte — "uma esmola para a irmã que está doente..."

Quantas amarguras se iam acumulando, então, no coração delicado das duas desafortunadas mocinhas, que, na idade melindrosa em que carece a menina de sólidas orientações no santuário do lar e da família, se viam expostas a mil situações vexatórias, presenciando iniquidades aqui e além, ouvindo ressoar acerca de seus passos torpes insinuações, castigadas sempre pela miséria em que se sentiam soçobrar!

Enquanto pudera trabalhar, a donzela agora enferma jamais se acomodara ao expediente da mendicância. Era bem certo que curtiam privações. Muitas vezes, na desolada solidão do seu reduto de zinco, o fantasma obsessor da fome penetrara, estendendo sobre o recinto humilde a tristeza e o desânimo, impossibilitando o lume de crepitar, festivo e alvissareiro. Mas não pedira jamais esmolas, porque, paupérrima embora, possuía a riqueza de altiva dignidade, não se socorrendo do auxílio alheio quando se sentia jovem, apta para obter o necessário para si e as manazinhas. O trabalho insano, porém, assim as consecutivas privações, lentamente lhe solaparam as forças fisiológicas, predispondo-a a qualquer infecção mais grave. E um dia, a necessidade encaminhou-a a empregar-se em casa de abastada família, onde um de seus componentes, uma senhora, extinguia-se lentamente, cruciada sob as garras da epidemia que assola a grande metrópole brasileira — a tuberculose!

Obrigou-se, então, fiel ao dever para o qual concordara em ser contratada, a zelar pela dama enferma, a qual, remunerando-a generosamente, proporcionava tréguas às aflições que, não apenas a ela mesma, como também às duas manazinhas, perseguiam sem interrupção.

Os sentimentos prestativos e nobremente fiéis da jovem loura levaram-na contudo a se expor em desvelos excessivos, não cogitando que o mal fosse, realmente, contagioso. Deu-se em dedicações infatigáveis, penalizada por compreender a pobre enferma excluída do carinho e das atenções da parentela, que temia o contágio do mórbus terrível. Por sua vez, a tuberculosa, que apenas a essa boa serviçal possuía por enfermeira e amiga, tornava-se exigente e abusava de suas forças, presa da neurastenia própria do enfermo irremediável.

Pouco a pouco a enfermeira absorveu o mal, contaminou-se!

Entrou a definhar e a se desfazer em acessos de tosse frequentes, o que alarmou os demais moradores da casa. Removeram a dama para um sanatório, não obstante os desesperados protestos da mesma, e despediram a empregada, simplesmente!

Adveio então o período culminante da via dolorosa daquele Espírito em franco ressurgimento de valores para os serviços de redenção.

Chegaram as hemoptises.[2] Os companheiros de desventura, habitantes do mesmo desolador bairro, afastaram-se, temerosos do mal. E,

---

[2] N.E.: Expectoração de sangue proveniente dos pulmões, traqueia e brônquios, mais comumente observável na tuberculose pulmonar.

informados, pouco a pouco, por vizinhos da doente, da espécie de enfermidade que a minava, os fregueses retiraram de sob seus cuidados as roupas que iam a lavar. O mais completo abandono, aliado à mais profunda miséria, aboletaram-se no cubículo miserável... e a esmola adveio, envolvida em lágrimas e humilhações...

Agora, agonizava, sorvendo as últimas gotas do seu cálice de amarguras. Presa ao leito de morte, esmagada por impositivos insolúveis, mantinha o pensamento voltado não para as dores pertinazes que a torturavam, mas para o incerto futuro das manas, mais do que nunca votadas, na sua falta, ao desamparo...

Bezerra de Menezes, caridosamente, buscou espancar a preocupação angustiosa que à agonizante impedia serenidade para sintonizar a mente com as esferas de paz, a fim de confiantemente desatar os liames que a jungiam ao fardo carnal e partir em busca de consolações e merecidos refrigérios.

Aproximou-se paternalmente da mais velha das duas meninas. Segredou-lhe algo aos ouvidos, que me não foi dado perceber. Os olhos nublados de pranto da sofredora mocinha se reavivaram qual se algum insólito fulgor os houvera penetrado, deslumbrando-os. Suas feições se transfiguraram, quedando-se meio extáticas, meio surpresas, como se recebessem jactos fertilizantes da força viva da esperança. Ergueu-se vivaz, como que impulsionada por um benfazejo fluido magnético:

— Vem comigo — disse à mais moça —, ela dorme... Tive uma ideia.. Vou pedir socorro à Irmã P...

Saíram precipitadamente, descendo os ásperos caminhos em correrias, enquanto os seixos rolaram sob seus pezinhos sujos e sempre descalços...

— Para onde se destinam? — perquiri confiante, no auge do interesse.

— Bater à porta de um coração sinceramente disposto a obedecer aos ditames redentores da caridade e do amor, e no qual jamais deixaram de encontrar agasalho e consolações os sofredores que dele se valeram. Sugeri a ideia... Ela atenderá, pois realmente deseja socorrer a irmãzinha enferma... Ademais, será conduzida por auxílios indiretos... e o bálsamo de eficiente proteção visitará ainda hoje esta antecâmara do túmulo...

A quem recorreriam as duas pequenas órfãs?...

Não mo revelou o instrutor. Todavia, um vulto nobre de religiosa da Ordem de São Vicente de Paulo, já velhinha, desenhou-se à minha visão, aureolado de luz, entre as duas pequeninas pedintes...

O dedicado amigo quedou-se alguns instantes, absorvido em concentração poderosa. Tornava-se evidente que tratava do auxílio devido às pobres meninas — ou fosse guiando-as por intermédio da própria força telepática, ou para o caso suplicando o beneplácito de Jesus e o concurso de entidades especializadas no gênero de socorro. Enquanto isso, voltei-me para a tuberculosa adormecida, cujo Espírito permanecia meio atordoado, como em letargia, ao lado do corpo; e meditei, deixando-me invadir por uma onda de incoercível tristeza:

— Deus — o Criador de todas as coisas — é a soberana justiça. Expiação como a que presenciamos neste momento não pode deixar de ter uma causa equivalente ao rigor do presente efeito. Que passado espiritual se ocultará nos refolhos da consciência desta pobre moça, motivando tão acerbo presente?!...

Não obstante a poderosa concentração de forças mentais a que se entregara, fora evidente que o incansável servo de Jesus, cujas expressões de caridade tantas vezes eu tivera ocasião de testemunhar, captara as vibrações por meu pensamento emitidas, porque respondeu, passados alguns instantes:

— Certamente, minha filha, que as Leis do Senhor onipotente primam pela supremacia da justiça. Deus revela-se como o supremo Distribuidor de Justiça, enquanto também não duvidamos que é o Pai soberanamente amoroso e bom. E isto o seu Verbo encarnado — Jesus Cristo, o Mestre Nazareno, já explicara sem rodeios nem possibilidades de tergiversações:

"'A cada um será dado segundo as próprias obras.' Todavia, enganaste-te ao supores desgraçada esta pobre moribunda! Ela própria tal não se considera, pois que santificante resignação a leva a aceitar o sofrimento atual, assim todos os espinhos que a acicataram no doloroso transcurso da presente romagem, sem murmúrios nem revoltas, antes como fatores fecundos que a levarão a merecer a celeste bem-aventurança, conforme o ensina a crença cândida e singela que esposa...

"Sua desgraça — continuou o generoso elucidador — oh! não parte deste acervo de adversidades que tanto te impressionam! Partiu, sim, do funesto esplendor de um pretérito de erros e enganosas ilusões, por ela vivido outrora! Proveio dos atos calamitosos praticados à revelia do bem, insuflados pelo orgulho e o egoísmo, que a arremessaram às voragens de pecados só reparáveis através de jornadas expiatórias, entre as arestas e as lágrimas de existências renovadas pelo tempo... Ontem, por entre prazeres incontidos e risos displicentes, a mísera deixou-se arrastar pelas torrentes do mal — era, então, verdadeiramente desgraçada! Hoje, entre lágrimas e andrajos, expunge da consciência obliterada o vírus que a avassalara, reabilitando-se lentamente para a alvorada da redenção! É ditosa agora, com efeito! Ela o sente! Ela o reconhece no santuário íntimo da alma legitimamente arrependida, a se balsamizar na doçura da própria conformidade em meio do resgate cruciante, porquanto gloriosa intuição lhe aflora à mente, afirmando que tão intensa expiação será o trajeto mais rápido para honroso reajustamento com a soberania da Legislação que deixou de respeitar!"

Eu me comovia extraordinariamente. Pressentia que cenas patéticas contendo grandiosos ensinamentos morais se desenrolariam diante de minhas faculdades, pois já se prenunciavam nos recônditos do meu Espírito as fontes de visão espiritual. A separação do corpo físico, que lá, na pitoresca cidade do sudoeste de Minas Gerais, jazia inerme qual fardo imprestável, afirmou-se mais, tornando-se penosa, para mim, a situação. Mas ali estava o desvelado amigo, atento e caritativo, espalmando sobre meu ser fluídico as mãos translúcidas, aquietando-me, renovando minhas forças para o prosseguimento da elucidação.

Continuou ele, desenvolvendo a tese magnífica:

— Dentro de alguns poucos dias mais, este heroico Espírito deixará os cenários do planeta, em cuja gleba vem ressarcindo violências outrora nela mesma cometidas. E ainda hoje, quando as barras do Ocidente se amortalharem sob as melancólicas despedidas da luz solar, o vulto sacrossanto da caridade apresentar-se-á na solidão deste cubículo entoando o cântico de sorridentes alvoradas para o novo trajeto da pobre agonizante... Piedosas mulheres, inspiradas no amor do Cordeiro imaculado, galgarão estas escarpas... Acompanhá-las-ão serviçais de uma nobre instituição beneficente, os quais recolherão a mísera enferma em maca apropriada... E a donzela, recolhida a um leito hospitalar, partirá em paz para a Pátria espiritual, deixando sob fiel guarda as irmãs menores, cujo futuro incerto era o seu mais aflitivo tormento!... Partamos, porém... Não nos compete esta vigilância... Outros, de tal serviço incumbidos, velarão diretamente...

Enlaçou-me então, fortemente, atraindo-me por meio de irresistíveis correntes fluídicas.

Senti-me aturdir, confusa, incapacitada de distinguir o que se passava então, qual se desmaio singular me impossibilitasse quaisquer expressões da vontade. Apenas estranha sensação de distância, de subida vertiginosa, sem que absolutamente nada me fosse dado discernir.

Readquiri em breve o senso de mim mesma. Fora como se coisa alguma se passara. Sentia-me calma e confiante, e via-me vagando por imenso parque, cujas frondes pujantes de vida e beleza convidavam à meditação, predispondo ao encantamento. Suave palor azulado clareava-o como se ignoto luar lhe iluminasse as alamedas, derramando tonalidades de luz inédita e encantadora, cuja lembrança jamais se deveria apagar de minhas retentivas espirituais, até hoje saudosas de tanta amenidade e tanta harmonia! Pássaros gorjeavam em melodias que falavam docemente à minha alma, com inteligência e expressões miríficas, enquanto o vulto do amigo caridoso melhor se desenhava ao meu exame.

A solidão era completa. Nenhum outro rumor além da orquestração dulçorosa dos pássaros ocultos entre as galhadas ricas que a luz azul-celeste mesclava de efeitos delicados.

Em dado instante o excelente mentor quebrou o silêncio, percebendo que me não era possível esquecer a história magoada da moça loura.

— É justa a tua curiosidade — começou comovidamente. — Sim! Que tenebrosos desvios nos campos do equilíbrio moral-espiritual deram causa ao drama do monte miserável que acabamos de visitar?...

"É o que te será mostrado neste momento..."

E, como em prodigioso cinematógrafo, desfilando em minha presença, como se movimentado no ambiente ameno a que os pássaros emprestavam suave complemento, eis o drama que se desenrolou, ali, enquanto a palavra sábia de Bezerra de Menezes elucidou, narrando-o, e, em torno, as harmonias indizíveis pareciam traduzir as bênçãos protetoras do Alto, a presidirem às intenções generosas do fiel apóstolo da fraternidade.

3

Nos últimos decênios do século XIX, na então Corte do Rio de Janeiro, que o senhor D. Pedro II honrava com suas virtudes austeras de monarca magnânimo, vivia uma jovem mulher, notável pela arrebatadora formosura de que era dotada e amplamente conhecida nas sociedades boêmias pelos ininterruptos desvios do seu caráter ambicioso e inconsequente.

Era a célebre cortesã Palmira, sedutora e irresistível criatura que, semelhante à bela árvore da mancenilha, atraía o viandante para fasciná-lo e enlouquecê-lo, desgraçando-o depois sob o guante do seu egoísmo de pantera insaciável!

Rica, ambiciosa, formosíssima, prevalecia-se desses predicados a fim de exercer domínio execrável sobre quantos admiradores lhe requisitassem as atenções, não se lhe dando a preocupar que tais caprichos redundassem em lágrimas e desesperações para outros corações e outros lares.

Habitava esplêndido palacete à beira-mar, rodeado de mangueiras frondosas e palmeiras esguias e lindas, e decorado com luxo e ostentação.

Sua residência movimentava-se, diariamente, sem constrangimentos, entre festas suntuosas frequentadas por personagens de boa representação social — fidalgos, capitalistas, altas patentes militares, diplomatas, estudantes etc. E tais os rumores de alacridade que dela se despejavam para o exterior, pela noite adentro, enquanto o oceano gemia em convulsões isócronas, ininterruptas, espraiando-se rudemente pela areia, que diziam de sua casa que parecia o Palácio Ridente, de Lucrécia, onde o crepitar satânico da devassidão abafava os protestos lançados pela moral e pela própria Natureza!

Oh! quando, pelas tardes cálidas de estio, depois do banho de águas perfumadas, se dispunha ela a apresentar em público sua beleza fascinante de pecadora imprevidente, girando pelas ruas da metrópole em ostensivos passeios sobre as macias almofadas do seu carro forrado de seda negra, que ia a descoberto em exibição premeditada, puxado a quatro cavalos luzidios como ônix; quando saía, toda envolta em rendas e musselinas, gestos afetados, atitudes provocadoras, olhares acintosos e impudicos, Palmira dir-se-ia deusa da Antiguidade, que fizera do pecado o pedestal em que se firmava!

As mulheres honradas, suas indefensas, humilhadas vítimas, odiavam-na pelas desventuras de que, desviando-lhes os esposos do cumprimento do dever, muitas vezes cumulara seus corações e seus lares, noutro tempo serenos e confiantes; e, vendo-a passar, dela maldiziam, augurando-lhe futuro desgraçado! Os homens, porém, sorriam-lhe encantados ou despeitados e pesarosos, segundo o grau das vitórias ou das desilusões que armazenavam no cadastro ignóbil das recordações boêmias que lhes afloravam à mente, avistando-a faceiramente reclinada nas almofadas de seu carro. E as crianças — esses impressionáveis e angelicais seres ainda perfumados de inocência — invejavam os cães que em seus braços passavam com ela devorando saborosas guloseimas, atados de berrantes laços de fitas e a chocalharem divertidos guizos no pescoço, enquanto ganiam manhosamente, reclamando outras dádivas que Palmira, prazenteira, lhes concedia entre pieguices...

Mas... ah! Ao lado desse fausto abominável, nas pegadas lodosas do luxo impudico de que se vangloriava, seguia também o espectro negro dos próprios erros que ia cometendo cada dia, pronto a arremeter-se sobre a descuidada em ricochete inapelável!

Palmira, no entanto, no recesso da alma, onde se quedam as fontes ilibadas que geram os verdadeiros sentimentos, não seria tão odiosa e tão má quanto desejaria parecer.

É bem verdade que toda criatura humana possui veios incorruptíveis nas profundezas do espírito, capazes de germinarem um futuro de atitudes regeneradoras, programando reabilitações morais e conscienciais necessárias à vida superior.

Muitas vezes, do silêncio dessas profundidades ignotas, voz cariciosa e comovida elevava-se e, em tom suave e conselheiro, falava à mente de Palmira conturbada pelos desatinos, convidando-a a deter-se no trajeto inglório, apavorando-a com a exposição, que ao seu raciocínio fazia, dos delitos praticados contra as leis da moral e os imperativos do dever! Mas, aflita e atordoada em presença da autoridade reconhecida naquela voz interior, benévola e protetora, impunha-lhe silêncio, procurando distrair-se a fim de se eximir ao raciocínio para se não considerar arrependida; dava-se ao prazer com maior ardor, temerosa de medir consequência e prognosticar o próprio futuro; oprimia, alucinada, as investidas dos remorsos, ultrapassando excessos anteriores e assim dilatando a série de deslizes que cada dia mais lhe comprometiam o Espírito!

Era a consciência que advertia! Eram as tentativas da intuição, murmurando-lhe ao coração conselhos salvadores de seus guias espirituais, desejosos de chamá-la à emenda por lhe evitarem maior grau de responsabilidades futuras, mas que ela repelia, desencorajada da complexidade dos serviços regeneradores que se imporiam ao seu desempenho.

A bela cortesã, no entanto, tivera exemplos insofismáveis de honestidade e mesmo de virtudes, no aconchego do lar paterno, que o devotamento irrefutável de um chefe e a serena abnegação de uma mulher, que lhe fora mãe exemplar, haviam engrandecido e mesmo santificado.

No entanto, o lar era modesto e Palmira dava asas a pensamentos ambiciosos. Os pais só lhe poderiam oferecer vida humilde e simples, e Palmira, orgulhosa e inconformada, aninhava quimeras e sonhos apaixonados que, dia a dia, lhe envenenavam o coração egoísta!

A família de Palmira compusera-se dos pais, tão honestos quanto pobres, e de cinco irmãos menores que ela. Ao atingir as 15 primaveras, a jovem, a quem extraordinária beleza física ia tornando notável — mas também vaidosa e presumida —, vira-se órfã de pai e obrigada, pela amargura da circunstância, a coadjuvar os esforços maternos para a manutenção da família.

Residiam então em velho casarão da rua do Matoso, em São Cristóvão, bairro que, por aquele tempo, não apresentava o desenvolvimento dos dias atuais, mas ruas e vielas escuras e abandonadas, a par de chácaras residenciais tão amplas e bem cuidadas quanto sombrias no romântico isolamento em que se apraziam.

Mãe e filha tiravam da agulha e da máquina de costura o sustento para a numerosa família. Ao imperativo da ausência daquele que lhes fora o chefe querido, lutavam ambas heroicamente, varando noites consecutivas sobre o trabalho fatigante: uma sentada à máquina de costura, outra, com a diligente e pequenina agulha entre os dedos, tecendo finos bordados e rendas mimosas nas cambraias e sedas das freguesas. Arcavam com pesadas responsabilidades, viviam assediadas por preocupações ininterruptas e sofriam constantes privações.

Não obstante, ao passo que sua mãe se resignava a lutar, reanimada por inquebrantável confiança em si mesma, assim como esperançada na alvorada de um futuro menos áspero, que o Poder Divino lhe concederia, certamente, em ocasião oportuna, que só a sua onisciência saberia ensejar, Palmirinha, como a tratavam os irmãozinhos, não se amoldava à situação e rebelava-se, indócil e impaciente, atribulada pelo receio de ver prolongados, por tempo imprevisível, os imperativos que a forçavam a estiolar, num trabalho extenuante e nem sempre bem compensado, sua juventude ardente e a beleza radiosa de que tanto se envaidecia.

Ver sua mãe eternamente escravizada ao dever de prover as imperiosas necessidades que assolavam o modesto recinto da família, moirejando dias e noites a fio para que a fome não consumisse a prole; contemplar os inocentes manozinhos sempre carentes de alguma coisa, roupinhas remendadas, tamanquinhos rotos nos pés, ao mesmo tempo que ela própria, Palmira, se extinguia, crestando os cetinosos cílios à luz fumarenta de um lampião a querosene, bordando trajes vistosos para outras crianças, nem mais encantadoras nem mais gentis que aquelas que lhe eram tão caras; reconhecer-se humilhada em sua pobreza, reduzida à inferior condição de operária paupérrima, pobremente vestida, mal alimentada, desconsiderada pelas classes elevadas — ela, mais formosa que as freguesas ricas, para as quais confeccionava suntuosos trajes de teatro e bailes —, era situação demasiadamente penosa para as ambições que esvoaçavam, quase imperceptíveis em seu coração, no qual igualmente fervilhavam fogosos e indomáveis anseios!

Sua mente, então, envenenada pela inveja e pelo despeito de se ver preterida por uma sociedade que lhe não perdoava a obscuridade da condição, fantasiava mil possibilidades tolas que a arrebatassem, da realidade humilde em que vivia, para o nível das alegrias ou da fortuna — um casamento encantador e rico, para si mesma, com algum mancebo altamente colocado, que se rendesse, incondicionalmente, aos seus encantos; uma fortuna inesperada, legada em testamento por alguma freguesa milionária ou aristocrata, que houvesse simpatizado com a distinção de suas maneiras — porquanto Palmirinha se considerava irresistível; um matrimônio para Dolores, sua mãe, com algum velho conselheiro de estado, enfim, um fato excepcional, qualquer eventualidade que a subtraísse ao insuportável dissabor que, para o seu discernimento revoltado, se afiguravam as heroicas atitudes ao lado de sua mãe paupérrima e dos irmãos inexperientes, carecedores do seu concurso de primogênita.

O milagre, porém, não se operava, muito embora os reiterados apelos da vaidosa moça aos planos da fantasia, o que a levava a consolidar em suas potências íntimas, cada vez mais, a má vontade por que se deixara empolgar.

Em vão empenhava-se a paciente mãe no sentido de reajustá-la, procurando levá-la à paciência ou induzindo-a ao refúgio da fé na solicitude do Altíssimo, bastante misericordioso para lhes poder beneficiar a aspereza da situação, ainda que tão somente por meio da conformidade. Inutilmente advertia-a, desaconselhando-a da tendência de sonhar quimeras, ainda porque não só nas esferas sociais privilegiadas se asilam os dons que atraem a felicidade, mas da mesma forma nos níveis modestos, em que a tranquilidade sorvida no cumprimento do dever será a mais sólida garantia para o advento das sãs alegrias do espírito. E a fim de desviá-la de tão obsidentes apreensões, bondosamente se esforçava por distraí-la, ora acompanhando-a a passeios que lhes fossem acessíveis ou permitindo-lhe a frequência a bailes modestos ocorridos no círculo de suas relações, privando, não obstante, para tanto conseguir, os filhinhos menores de um leite mais gostoso, um calçado mais decente, para que a jovem se ataviasse de mais uma fita caprichosa ou um xale gracioso. Palmirinha, porém, não correspondia aos desvelos de que era alvo. Mantinha-se irredutível no desacerto das aspirações, mal-humorada, revelando como que ojeriza aos seus, não suportando já as traquinagens dos irmãos, aos quais molestava com irritantes altercações, enquanto menosprezava os arrazoados maternos.

A mente humana é um ímã de potencial elevado. Inconsciente desse poder intrínseco da sua natureza psíquica, a criatura humana abusa de tão preciosa dádiva conferida pela Criação, e, enredada na ganga de aspirações subalternas, apraz-se em acionar aquelas energias ao sabor das paixões deturpadoras a que geralmente se apega. É um potencial, pois a mente humana demora a serviço do bem como do mal, consoante o impulso vibratório fornecido pela vontade atuante. À custa de muito pensar em determinado assunto, de insistentemente desejar a concretização desta ou daquela particularidade entrevista pela imaginação no plano íntimo — exercendo, assim, atração magnética irresistível —, não raro a criatura realiza aquilo que levou tempo a modelar no pensamento, porque, por si mesma, se vai preparando para as possibilidades de consecução. Muitas vezes, tais realizações, divorciadas dos princípios benemerentes da legislação incorruptível — tornam-se funestas ao próprio artista cuja mente as concebeu, ao qual desgraçam. Muito dificilmente testificam nobreza de ideais, fornecendo satisfações perduráveis, porquanto, geralmente, a mentalidade humana apenas deseja colher o produto ingrato da inferioridade em que resvala.

Foi o que pouco a pouco se operou no ambiente da personalidade de Palmira.

* * *

A luta cotidiana decorria na costumeira monotonia quando, subitamente, a face dos acontecimentos se modificou sensivelmente, marcando irremediável etapa no destino das nossas humildes personagens.

Em clara manhã de um mês de março, os serviços profissionais da honrada viúva do bairro de São Cristóvão foram requisitados para certa residência aristocrática da Tijuca.

Palmira teimara em acompanhar a mãe, ciosa da elegância do ambiente que tanto a fascinava. Formosa e atraente, a humilde operária avistou-se, pela primeira vez, com um jovem de 24 anos, primogênito da casa e galanteador inveterado, sempre à cata de aventuras que lhe ajudassem a espancar o tédio por que se sentia invadir. Chamava-se Guilherme, e o sobrenome respeitável que arrastava, na sociedade da época, repercutiu, cheio de seduções, aos ouvidos da moça, quando, tomando-lhe da mão furtivamente, ele a tornou ciente da agradável impressão que lhe deixara no espírito.

Radiante, Palmira correspondeu aos galanteios sem relutância, favorecendo-lhe posteriores entendimentos.

O namoro desigual, dada a diferença chocante das duas posições sociais, prosseguiu ardorosamente, sob os choques das emoções indomáveis de ambos, que se afinavam por atrações magnéticas igualmente subalternas, viciadas!

Inquieta, Dolores intervinha aconselhando a filha a se desviar do abismo que seus pressentimentos de mãe zelosa apontavam como a querer absorvê-la, porquanto, ponderada e experiente, não acreditava na possibilidade de uma união legítima como fecho de tal fascinação, apesar dos reiterados protestos do jovem Guilherme, o qual passara a frequentar a casa e a obsequiar a menina com valiosos presentes, confessando-se realmente rendido aos seus encantos pessoais.

Palmira, como sempre, repelia as amorosas interferências maternas, rebelando-se acintosamente, para se permitir atenções progressivas ao sedutor, que esperava momento azado para lançar as redes da traição sobre a presa, a qual, por sua vez, se diria impaciente por se dar por vencida.

Não seria, todavia, fato isolado no seio da sociedade se esse moço chegasse a se inclinar ao matrimônio, caso a própria interessada, isto é, Palmira, sentindo-se objeto de suas maliciosas investidas, se precatasse à sombra da discrição e da altivez, que tão lindamente assentam ao caráter feminino.

Ora, a incauta donzela, infringindo tais princípios — ornamentos indispensáveis à dignidade da mulher, seja qual for a posição que ocupe na sociedade, o estado social em que se conserve e a idade que conte —, surpreendia-o desagradavelmente, apresentando-se ao inverso do que ele próprio a desejaria reconhecer! A diferença de posição social já seria, por si só, escolho muito importante para ser removido pelo pretendente, que se decepcionava à medida que constatava que aquela a quem elegera, além da leviandade que diariamente comprovava, nada mais possuía como recomendação do que um rostinho agradável e um talhe elegante. Compreendeu, imediatamente: muito mais cômodo fazer de Palmira sua amante, pois, na época a que nos reportamos, um rapaz elegante, aristocrata ou não, dificilmente passava sem conquistas de tal jaez. Era adorno social, de que não poderia prescindir, sem ridículo, um jovem de posses abastadas ou um estudante poeta. Paris ditava a moda. Paris era acatada pelo mundo inteiro quanto à decisão dos figurinos, pelo menos o era pelo mundo ocioso, que fazia das futilidades e das paixões enganosas dos sentidos questões de apreço. Aliás, a jovem modista, apresentada que fosse nas rodas boêmias, valeria ao vaidoso sedutor triunfo digno de nota, dada a circunstância da excepcional beleza de que era portadora.

Não vacilou, pois, Guilherme, na torpe resolução... e entrou a convidar Palmirinha frequentemente para teatros e festas, tentando, para isso, oferecer-lhe os respectivos trajes. Dolores, porém, impondo-se energicamente, detinha as expansões da filha rebelde, jamais permitindo que tais convites fossem aceitos. Acabou por romper as relações com o pretendente da filha, o qual deixou de lhes frequentar o domicílio, e passou a se esmerar na vigilância, para que o romântico incidente fosse totalmente esquecido.

Uma noite, cerca das dez horas, Dolores e a jovem Palmira, que acabara de ver passar as 18 primaveras, dedicavam-se, com o máximo zelo, a concluir várias peças de costura, muito ricas e caprichosas, pertencentes a certa dama da alta sociedade, que estava para casar a filha com um brioso adido de determinada embaixada estrangeira. Bordados, rendas, laços, nervuras, volantes em profusão haviam tomado o tempo das duas laboriosas senhoras durante cerca de um mês, impedindo-as de atender às demais freguesas, porquanto a venturosa noiva tinha pressa de suas encomendas. Palmira, mau grado seu, curvara-se sobre o trabalho e agira magnificamente! Os corpinhos, as saias, as batas, os roupões, eram joias que mãos de fadas lapidavam, zelosas da finíssima arte doméstica. Por sua vez, Dolores entregara-se ao nobre desempenho espicaçada também por angustiosa necessidade, pensando em que as peças do enxoval eram de confecção morosa e o parco sortimento da cozinha diminuía assustadoramente, sem que outros recursos existissem para renová-lo. Urgiria, pois, apressar o serviço, finalizando-o antes que as derradeiras migalhas desaparecessem. Não obstante, apesar dos cansativos esforços, o último bocado desaparecera no almoço daquele dia, frugal e insuficiente, sem que as aludidas peças fossem concluídas, permitindo o recebimento do salário para a aquisição de novo sortimento. Não houvera jantar para a criançada, nessa tarde... E por essa razão, mãe e filha trabalhavam ainda, até àquela hora, aflitas por ultimarem as peças do rico enxoval, pois que da sua conclusão dependeria o almoço do dia seguinte.

Ainda na manhã daquele mesmo dia Palmirinha dirigira-se à residência da ilustre dama, solicitando, em nome de sua mãe, adiantamento de metade da importância combinada para a confecção das encomendas, porquanto havia carência de recursos para o término das mesmas. Nascida, porém, na abastança, a dita senhora que, por isso mesmo, deixara o coração enrijecer à sombra de um orgulho feroz, incomum, incapaz de compreender as agruras do coração alheio graças ao egoísmo que se tornara o seu característico, despediu-a sem contemplações, por intermédio de uma simples escrava, declarando não ser hábito da casa antecipar pagamentos aos serviçais.

A moça tornou ao lar, os olhos molhados pelas lágrimas da humilhação e da revolta. Sentia o coração despedaçar-se, enquanto angústia inconsolável lhe conturbava a alma, insuflando-lhe estranho sentimento de rancor aos grandes e poderosos, ao passo que profunda piedade por sua mãe e os infortunados irmãozinhos sugeria-lhe à mente excitada medidas extremas em face da situação. Se Palmira vibrasse ao impulso de sentimentos nobres, resignados, aureolando-se de paciência e dignidade em face da adversidade, certamente que alvitres salvadores lhe teriam brotado no pensamento, orientando-a à base de providências imediatas, mas honestas e dignificantes, as quais seriam o fruto de sadias inspirações dos amorosos tuteladores que dos planos invisíveis acorrem aos apelos sinceros dos sofredores dispostos a serem socorridos. Porém, odienta e rebelde, a pobre moça desorientou-se asilando sugestões pecaminosas, que a envolveram em ondas de vibrações desordenadas e inferiores.

Em casa, uma carta do antigo namorado surpreendeu-a. Entregara-a, às ocultas de Dolores, uma de suas vizinhas, tão jovem e tão doidivanas quanto ela própria, e por cujo intermédio se correspondia o ardoroso par. Era lacônica e incisiva, pois dizia apenas:

"Hoje, ou nunca mais! Espero-te às dez horas, à esquina, em meu carro. Se não vieres, adeus para sempre!"

Profunda palidez invadiu-a. Passara o dia todo em silêncio. Não comentara, sequer, as desagradáveis ocorrências daquela manhã! Dir-se-ia que gênios pervertidos lhe haviam tolhido o dom da fala a fim de mantê-la apreensiva, só entregue às cogitações provocadas pela maldosa missiva. Apenas se curvara sobre o trabalho, febrilmente, compreendeu que vivia as últimas horas de honradez no santuário do lar paterno! Suores gelados lhe aljofravam a fronte pálida e acetinada, umedecendo-lhe também as mãos, assim testificando as violentas emoções que sacudiam o seu espírito. O coração, pulsando desordenadamente dentro da arca sagrada do peito, era como o relógio desequilibrado ecoando a todo instante, a lhe recordar as frases de Guilherme e as badaladas decisivas das dez horas daquela noite, que marcariam em sua vida um futuro imprevisível!

— Oh! — pensava, presa de choques emotivos intensos, mesmo penosos e angustiantes — se Guilherme cumprisse, realmente, as promessas mil vezes repetidas aos seus ouvidos durante um ano! Se, ao seu lado, ela conseguisse elevar-se na sociedade, adquirir fortuna, influência, relações, mulheres como aquela que, pela manhã, a enxotara desumanamente, pagar-lhe-iam bem caro o preço do seu orgulho de milionárias incivis e fúteis, respondendo todas pela miséria que ela e os seus suportavam!

E se, consoante sua mãe o suspeitava, Guilherme não fosse mais que ignóbil aventureiro e sedutor?... Não importaria: ela mesma já o não amava como de início, graças ao fato de até aquela data não a ter desposado ainda, por se julgar superior... Também dele saberia vingar-se, de qualquer forma...

Atmosfera dramática, de ondas heterogêneas, circundava a fronte da jovem, em cujo espírito não transparecia sequer pequenino reflexo de boa vontade que aos seus mentores invisíveis permitisse intervenção salutar, no sentido de defendê-la das tenebrosas escarpas que a missiva recebida lhe rasgava no destino. E ela pensava, pensava... delineando a respeito de si mesma, de antemão, a sinistra torrente em que se precipitaria!...

4

Caíra completamente a noite. Pequeninas estrelas surgiram timidamente, salpicando o firmamento entre blocos de nuvens chuvosas que o vento espalhava.

Pela casa, a criançada, triste, sem o jantar e o café da noite, choramingava medrosamente, interrogando a mãe e a irmã, com olhares longos e melancólicos, sobre o que resolveriam a fim de socorrer-lhes a exigência inadiável do estômago. Palmira, de vez em quando, observava-os rápida e furtivamente, como acometida de terror. Seus olhos retornavam, depois, ao trabalho, secos, conflagrados por ardência interior indizível, quais se fachos infernais alimentassem revoltas difíceis de apaziguar em seu coração, que pulsava entre estertores de angústia. Não sentia fome, ela, que apenas se alimentara frugalmente pela manhã; sentia ódio e desespero! Dolores, a essa altura, correra, aflita, a uma padaria próxima. Solicitou alguns pães, fiados, até o dia seguinte, a fim de entreter os filhos. Atiraram-lhe com os de pior qualidade existentes no balcão, para que, à falta do pagamento na ocasião prometida, fosse menor o prejuízo. Aquietaram-se os pobres órfãos. Adormeceram a roer os bocados de pão endurecido, quais cãezinhos pobres a quem jogassem um osso limpo... E Dolores, febril e entristecida, mas fervorosa e paciente, voltou à banca de operária, disposta a amanhecer no seu posto de mãe trabalhadora e fiel.

Heroica mulher! Pobre mãe aflita! Que diadema de rainha fulgiria com mais intenso brilho no Reino do Altíssimo do que a coroa santa do teu martírio, entretecida nas lágrimas sacrossantas do teu coração de sofredora paciente e abnegada?!...

Pudesse Dolores, e com o próprio sangue fabricaria o manjar de que tão carecedores reconhecia os filhinhos queridos. Mas impotente para tão alto desiderato, dava-lhes então as próprias forças, as energias de que era admirável portadora, os seus ininterruptos sacrifícios, oh! o sangue augusto da sua alma!

Palmira bordava em silêncio ao pé da máquina. A agulha, ágil, febrilmente dirigida, ia e vinha espetando o pano e deixando atrás de si os arabescos maravilhosamente trabalhados, do desenho. De vez em quando, um olhar furtivo e alucinado para o velho relógio suspenso à parede dizia da agitação interior que a assaltava. Parecia não notar a tortura inominável que confrangia o coração materno, nem o choramingar discreto dos irmãozinhos já habituados às necessidades. No entanto, percebia tudo!

Em dado instante, o velho relógio fez ressoar pelo triste e desprovido casarão a primeira pancada das dez horas, seguindo, vagarosamente, a escala a percorrer... A bela bordadeira atirou para cima da mesa próxima costuras e agulhas; num gesto súbito e brutal, arrancou da mimosa cintura de boneca o avental de chita, gracioso e limpo, e, com forte pancada sobre a mesinha que lhe ficava ao alcance, exclamou, surpreendendo sua mãe:

— Oh! Basta de tantos sofrimentos! Não posso mais suportar tanta miséria e tantos desesperos! Antes morrer! Mil vezes a morte!...

Saiu da sala precipitadamente, fechou-se no seu quarto pobre e mudou de traje com presteza. Assustada e temendo qualquer desgraça, Dolores levantou-se também e tentava acalmá-la, admoestando-a com a autoridade que é sempre carícia em lábios maternos. Mas, como sempre, Palmirinha desdenhou ouvir-lhe conselhos e advertências e saiu raivosamente, ganhando imediatamente a rua, envolta no seu faceiro xale de lã azul...

Surpresa, correu Dolores no encalço da filha, desorientada em face do desvairamento da rebelde menina.

Chamou-a insistentemente, ligeira e aflita, desesperada à ideia de que a jovem tencionasse pôr termo à existência, indagando dela, em alta voz, a correr, para onde pretendia dirigir-se àquela hora da noite, ralhando ansiosa, já desfeita em lágrimas! Mas Palmira, ágil, irrevogavelmente decidida a um passo extremo, que a arrebatasse da miséria exaustiva em que se debatia, já transpusera a esquina da rua... e tomara um carro que ali estacionava, coadjuvada por elegante cavalheiro que a recebera entre um sorriso e um gesto amistoso de triunfo...

E quando a pobre mãe, vencendo a distância, pôde aproximar-se, foi apenas para entrever a filha acomodada entre almofadas, ao lado do antigo namorado, quando o carro se pôs em movimento sob os estalidos do chicote no dorso dos cavalos...

* * *

Pelo alvorecer Palmirinha não voltara ainda.

Dolores, febril, incerta — martirizada agora por profunda amargura, como jamais o fora no pretérito —, esperara-a a noite toda atrás das vidraças discretas, ora em lágrimas ardentes como fogos que lhe queimassem o coração, ora com os olhos secos e dilatados, transidos de horror diante da brutal realidade que se delineava; afligindo-se progressivamente a cada instante que se escoava adiantando a noite, e temerosa da consumação da verdade entrevista naquela acintosa fuga, mas compreendendo-a em toda a extensão da sua infâmia, pois que havia muito suspeitas dolorosas excruciavam o seu já tão contundido coração de mãe!

A cada rumor de passos na rua escura e desolada, de algum notívago que regressava; a uma arrancada mais viva do vento que soprava, zunindo por entre persianas pobres, trazendo a madrugada e seus albores, a desgraçada sobressaltava-se no esperançado alvoroço de que fosse a filha que voltava. Em seguida, decepcionada, o ritmo emocional do coração penosamente precipitado pelo esforço da expectativa, causando-lhe febre, produzindo-lhe calafrios, gerando em sua mente terrores e alucinações, insistia uma vez ainda no desejo santamente maternal, no anseio de ver Palmira, a sua filha, regressar ao lar...

Todavia, chegou a madrugada, seus tons alvorecidos mesclaram de claridades os vastos horizontes da cidade galante, que o oceano contorna, e Palmirinha não voltou...

A luz morna do candeeiro extinguira-se totalmente, porque no seu bojo secara o querosene fumarento... A escuridão havia muito envolvera a sala, sem que, no entanto, ela o percebesse, porque seus olhos estarrecidos — espelhos de uma alma surpreendida por irremediável testemunho — colavam-se na rua através dos vidros, à espreita dos raros transeuntes que por ali se aventurassem, a tão paciente e angustiosa espreita de que não seriam dela capazes o ciumento que duvida ou o salteador na emboscada sinistra!

E sobre a máquina, abandonadas, já esquecidas, jaziam as ricas peças do enxoval... A pobre mãe não cosera mais naquela noite! Palmira abandonara-a, e aos irmãos, por um devasso; e essa indubitável realidade, que a cada minuto com mais exatidão se patenteava ao seu entendimento, abatia-lhe as energias, atordoando-a, arrasando-a!

Às oito horas da manhã, insone ainda e inconformada ante o supremo infortúnio que para seu coração representava a fuga de

Palmira, a desventurada senhora só sabia chorar e encontrava-se exausta, incapacitada para qualquer tentativa em prol dos filhos famintos, que haviam despertado cedo, e tão aflitos quanto ela própria.

Que fazer? Que fazer?!...

Repugnava-lhe correr à vizinhança participando o ingrato acontecimento ou suplicando auxílio para solucionar o caso junto das autoridades competentes. Que diriam os outros?!...

Que de remoques e zombarias provocaria, com tal gesto, contra a pobre filha, pela qual sentia infinita compaixão!?... E quem, de suas relações, concordaria em se imiscuir no torpe sucesso em que a figura principal pertencia à mais elevada classe social, em contraposição da outra, obscura e desprotegida? E como então sair, ela mesma, à procura da filha, como da justiça dos homens, se se encontrava exausta e tiritante de febre e se não possuía sequer moeda de cobre com que pagar um coche?... e se, ademais, urgia terminar as costuras, endireitá-las a ferro quente, levá-las à sua dona, para socorrer as necessidades urgentíssimas dos pequenos?...

Refletia assim, debatendo-se nas malhas do dilema dilacerante que se apresentara cruel, quando, subitamente, ouviu que alguém batia vigorosas pancadas à porta da rua. Seu coração exacerbado, ansioso por qualquer raio de esperança que proporcionasse dilações no conflito em que se agitava, alvoroçou-se, revigorado por pulsações violentas, na suposição de que fosse, finalmente, a louca, a querida Palmirinha que tornasse ao lar, aos seus braços amoráveis e compassivos de mãe que a tudo, oh! a tudo saberia perdoar!

Correu afoita, olhos interrogadores, desgrenhada e abatida, a fim de se inteirar da verdade.

Porém, um dos pequeninos entrega-lhe um envelope fechado, havendo, rápido e serviçal, atendido a quem batera:

— Uma carta, mamãe! — exclamou.

— Quem a trouxe?... — interpelou nervosa, correndo à porta e investigando um e outro lado da rua, pretendendo reter o portador, uma vez pressentindo o valor da mensagem.

— Foi um homem de bigodes e de chapéu, mamãe! — respondeu o inocente, com ingenuidade.

Rasgou precipitadamente o envelope. Dele retirou um papel dobrado e uma grande cédula de cem mil réis, importância que, na época, valia por uma pequena fortuna nas mãos de uma pessoa nas condições de Dolores.

Tremia, entrechocando os dentes, enquanto suores frios porejavam de sua fronte, que se aureolava de supremo martírio! O papel dobrado era uma carta. A carta era de Palmira, oh! da sua Palmirinha!...

Dolores leu-a uma, duas, três vezes, sem conseguir compreender o que lia. Não podia, não queria compreender, tal a truculência do absurdo exposto em suas frases; leu-a duas, três vezes, como se as letras que dançavam sob seus olhos, na junção do fraseado, fossem acicates a trespassarem, sem comiseração, seu infeliz coração de mãe!

Finalmente compreendeu, e, então, a fração de energia que ainda lhe restava abandonou-a sem mais apelação. Caiu nos aflitos braços dos pequeninos, que choravam em altos brados, e, por longo espaço de tempo, deixou-se dominar por impressionante crise nervosa, repousando, em seguida, sob o lenitivo de um desmaio que o anjo da misericórdia lhe impôs como suprema esmola do momento!

A carta de Palmira era lacônica, pois, dizia simplesmente:

"Mamãe, perdoa-me! Não pude suportar por mais tempo a horrível situação em que vivemos. Sou, decerto, ingrata e desumana, mas a miséria e as humilhações desesperaram-me! Nunca mais voltarei para casa. Não devo voltar! Remeto a importância junto a esta, porque é preciso que a senhora e as crianças almocem hoje. Adeus!"

* * *

Assim sucedeu. Palmira nunca mais regressou à casa paterna! Preferiu acomodar-se aos ambientes para onde a arrastaram os amigos infiéis, as ilusões, as imponderações da mocidade divorciada do respeito à família como do amor a Deus, bem assim os soezes impulsos do seu caráter ambicioso! A eles acomodou-se... e moralmente desgraçou-se num abismo de lama e podridão!

Talvez a jovem bordadeira se contivesse, preferindo o regaço materno aos desvios impudicos da prostituição, se a noiva exigente, para quem confeccionava o rico enxoval — senhora de tantas peças de cambraia como de um coração egoísta e caliginoso —, se portasse com humanidade, concedendo o adiantamento de parte do salário, solicitado na manhã daquele dia. O certo é que a fome é péssima conselheira, que a miséria produz revoltas e desvarios, e que só um coração inspirado no ardor de uma fé imaculada, na bondade celeste, atravessará testemunhos como esse, cumprindo os dispositivos evangélicos, isto é, valendo-se da doçura da paciência, firmando-se no cajado da esperança! Daí se pode deduzir e reconhecer a necessidade de as almas cristianizadas, ou simplesmente amáveis, partirem em socorro do faminto que estertora no grabato de espinhosos complexos, tão baldo de pão como de luz moral-espiritual, salvaguardando-o para o cumprimento de sagrados compromissos para com as leis do dever!

Foi assim que passou a ser de fastígio e esplendor a vida da jovem doidivanas, após ultrajar com funesto desrespeito o lar honrado dos pais, como o nome por que deveria antes zelar fervorosamente. Tão poderosa se tornou quanto fora antes humilde e ignorada!

Ao primeiro amante, a quem atraiçoara logo após, vingando-se do menosprezo com que a tratara, furtando-se ao consórcio legal, outros se seguiram, em escala ascendente sempre; e a antiga operária, do cimo de suas miseráveis glórias, olvidara-se do que fora, do quanto sofrera no embate das situações forjadas pela pobreza, para se homiziar à sombra do mais refalsado egoísmo! Nos primeiros meses, ainda socorrera a mãe e os irmãos com as vergonhosas migalhas dos seus sobejos, conquanto jamais procurasse visitá-los. Doente e minada por desgostos amaríssimos, a pobre senhora aceitava o auxílio como esmola ultrajante, que avilta, a qual lhe trazia, acima de tudo, o sabor amargo da irremediável desonra da filha. Depois, porém, tendo notícia de que a mãe passara a residir fora da capital, em virtude de haver contraído matrimônio com um generoso chacareiro português, o qual possuía algumas economias e desejara estabelecer-se no interior, desinteressou-se de novas notícias e nunca mais soube do que à própria família acontecera.

Sucederam-se, todavia, os anos, na perseverante ampulheta que destaca os instantes, dos quais se originam as horas, os dias e os séculos!

Dentro em pouco, a formosura da graciosa bordadeira do Matoso decaiu como, ao entardecer, a rosa desabrochada ao despontar do sol decai do seu hastil.

A frescura e o aveludado das faces rosadas e a rija carnação do talhe esbelto e lindo amolentaram-se e feneceram pouco a pouco... A velhice — uma velhice desesperadora, do vaidoso e egoísta que a si mesmo endeusou, servindo-se de todas as paixões para satisfação de soezes caprichos; esse declínio tenebroso, de quem não quer envelhecer por se ter escravizado às ilusões do mundo — tingiu de longos rastros prateados a outrora densa cabeleira sedosa e negra... A pele encarquilhou-se... As faces se encovaram... Os olhos, cansados de resplandecer, contemplando uma etapa perdida pelos caminhos da dissolução, como que se retraíram para doloroso retrospecto consciencial... e os dentes, abalados, corroídos pela piorreia, um a um dramaticamente desceram do escrínio rubro que já não sorria!

Palmira contemplou-se, então, agora que a fase da realidade lhe impunha o imperativo do cotejo dos cabedais conquistados no trajeto da existência, descendo aos abismos conscienciais. Examinou o que fora, bem como as ações que praticara, e aterrou-se ouvindo a resposta das evocações sinistras do passado! Possuía ouro bastante ainda, porque, avara como a formiga que se precata das intempéries porvindouras, soubera acautelar-se contra a miséria de noites idênticas à última que vivera entre os seus. Não obstante, concluía que, se naqueles rudes tempos as privações lhe aturdiam o coração, a alma, no entanto, se aquecia nas chamas beneméritas de afetos abençoados, enquanto que, agora, dilaceravam-lhe o ser a frieza da solidão, a miséria insuportável do coração! Na velhice, quando se poderia sentir cultuada por uma prole originária do seu próprio sangue, apenas destacava ao redor de si o fantasma das próprias ações pretéritas a lhe fustigarem a consciência!

As primeiras lágrimas realmente sinceras rolaram de seus olhos, iniciando o saneamento do seu caráter aviltado. Levantou-se dos esconderijos sacrossantos do seu ser fecundo movimento de reparações... e pela primeira vez Palmira pensou nas dores que excruciavam os corações alheios! Entrou a beneficiar a pobreza desamparada... Socorreu, de preferência, órfãos e viúvas paupérrimas, recordando o quanto sua mãe sofrera nos entrechoques das vicissitudes diárias, oh! aquela pobre mãe a quem abandonara em pleno fervilhar das lutas, e da qual, agora, feriam-na as mais pungentes saudades!

Finalmente, em certa manhã nebulosa e solitária de inverno, a criada preferida encontrou-a morta sobre o leito. Um ataque cardíaco vitimara-a subitamente, sem que mãos amigas lhe dulcificassem os estertores da agonia... E seus bens materiais, ainda avultados, foram destroçados por juízes e rábulas inescrupulosos, os quais desrespeitaram seus últimos desejos, consignados em testamento, que faziam herdeiros de sua fortuna a criada que a servia e certas viúvas pobres de quem mais se penalizara...

5

Cessara a narração.

Um velário, qual reposteiro acinzentado que corresse, encobriu de minhas faculdades, às quais, momentaneamente, haviam favorecido com possibilidades preciosas, os ambientes aviventados de um passado já submerso nas torrentes do esquecimento. Infiltravam-se-me pelo ser adentro as insólitas impressões que me fizeram vibrar poderosamente durante a fascinante exposição, as quais perdurariam ecoando em minha alma até que me fosse dado traduzi-las para a linguagem humana, conforme ordens daquele boníssimo servo do Senhor.

Não obstante, vejo-me de retorno à miserável residência da pobre moça tuberculosa no morro do Querosene...

A jovem dormia ainda, arquejando debilmente, favorecida pelas indúcias de um sono protetor e benfazejo...

Contemplando-a exangue sobre os restos do colchão apodrecido, coberta de andrajos, o nobre amigo voltou-se para mim, colimando a lição:

— Eis aqui Palmira! — disse gravemente, apontando para a enferma adormecida. — Ei-la! a filha ingrata, a grande sedutora, egoísta e vaidosa! findando a etapa que se seguiu àquela que acabamos de recordar, ultimando uma existência diferente, de provas e expiações, na qual testemunhou nobremente o grande arrependimento pelos desvarios passados!

"Ela, que, então, abandonara a própria família numa hora de insensata rebelião, fugindo ao cumprimento do dever no momento decisivo, em que fora chamada pela Lei das Causas a provar a resistência do próprio caráter no contato com as dores comuns à vida cotidiana; ela, cuja ambição pelos bens materiais e cuja vaidade não trepidaram nem mesmo diante dos mais sagrados imperativos da honradez a fim de se satisfazerem, voltou a uma existência imediata paupérrima, outra vez, órfã, desvalida, com duas irmãs menores sob sua responsabilidade, das quais era o único arrimo, aprendendo, assim, na estimulante prova do insulamento o culto sublime da família! Sofreu asperamente. Desamparada, desde muito cedo experimentou no coração, tisnado de amargura, a ausência do seio materno, suportando impávida as angústias de cada dia! E, mulher, abandonada, só padeceu a humilhação, a desventura de não poder jamais contar com a proteção de um braço masculino, ela, que ainda ontem arrebatara do amor de esposas amorosas e de filhos confiantes os chefes dantes respeitáveis e atenciosos!

"Abandonando-se outrora à cupidez, como aos desvios da libertinagem, eis que, hoje, em etapa reabilitadora, vemo-la de volta à Terra em ambiente infamado, testemunhando resistências heroicas nos desvios para o mal! Lutou contra todas as ciladas do cenário em que viveu! Desmascarou todas as seduções e circunstâncias que a tentaram impelir para a desonra! Arredou insídias, desprezou miragens e mistificações que acenavam para a miséria em que vivia com capciosos estratagemas, afastando-se, por si mesma, dos abismos diante dos quais era chamada pela ordem natural da Lei das Reparações, a fim de provar o respeito aos deveres sacrossantos da dignidade feminina! E, ao choque de pelejas tão árduas, expiou os nefandos desvarios da louca Palmira do século XIX...

"Reencarnará, porém, ainda, posteriormente. Não bastará a um Espírito culpado ou ignorante ressarcir no ardor dos serviços expiatórios os débitos anteriormente acumulados. Para que se engrandeça e glorifique, como convirá a todos aqueles que participam da Natureza Divina será indispensável construir também: servir ao amor, cooperar com o bem, colaborar dedicadamente na obra magnânima da Criação, por meio de ações e atitudes que se imponham pela abnegação fraterna...

"Na lição que hoje recebes convirá destacares o exemplo deste Espírito que se reabilita dignificando-se em testemunhos de renúncia, paciência e submissão a cada novo embate das dores que o dilaceram! Como Palmira — como a Humanidade inteira — se sofres, será porque a conduta anterior, que achaste por bem desenvolver em torno dos teus passos, em existência pretérita ou não, para isso concorreu, desnorteando-te da senda do dever ou da justiça, pois que leis sábias, equânimes, harmoniosas, orientam nossos destinos, resumidas na sentença inapelável da suprema Justiça: 'A cada um segundo suas obras'!

"E que te lembres, minha amiga, algum dia, de testemunhar aos teus irmãos o que acabas de assistir... porque terás praticado o sagrado dever daquele que dispõe de forças intermediárias entre a Terra e o Invisível..."

* * *

Voltei lentamente, reapossando-me do corpo e passando pelos curiosos fenômenos que o despertar ocasiona. Pouco a pouco a armadura carnal se reaquecia, desentorpecendo-se... A consciência, como a memória, brilhavam normalmente, readquirindo o habitual domínio sobre o cérebro do aparelho somático... não obstante a impossibilidade, em que me encontrava, de mover sequer as pálpebras...

De súbito, estranho fluido magnético — talvez a verdadeira essência da vida — penetrando simultaneamente o cérebro e o coração — fez-me retomar o fio da existência momentaneamente interrompida...

Ai de mim! Novamente aprisionada no sarcófago da carne!

Adejavam ainda pelo aposento singelo os cariciosos fluidos da entidade amiga que me honrara com sua generosa proteção...

Deixei o leito como se, mau grado meu, ressurgisse de um túmulo que me houvesse entreaberto as portas do Infinito... Esvoaçando pelas frondes das árvores, continuavam os pássaros seus melodiosos desafios... Interroguei o pequenino despertador posto à cabeceira: eu me refugiara no pequeno aposento às duas horas da tarde e, surpreendida, constatava que eram 14h17.

Os empolgantes fenômenos que arrebataram o meu espírito, o impressionante drama de duas existências que marcaram etapas decisivas no destino espiritual de uma criatura, se desenrolaram à frente de minhas sensibilidades no curto espaço de alguns minutos!

Oh! que majestosa é a Ciência do Invisível! E que formosa, a Doutrina dos Espíritos!...

FIM

Não queirais entesourar para vós os tesouros da Terra, que são perecíveis, mas entesourai os do Céu, que são imortais. (Mateus, 6:19-20).

Porque onde está o teu tesouro, aí está o teu coração. (Mateus, 6:21).

Se queres ser perfeito, vai, vende o que tens e dá-o aos pobres, e terás um tesouro no Céu; depois vem e segue-me. (Mateus, 19:21.)

Em verdade vos digo, que quantas vezes ajudastes a um destes meus irmãos mais pequeninos, a mim é que o fizestes. (Mateus, 25:40).

Jesus Cristo – O Novo Testamento.

Fora da Caridade não há salvação.

Allan Kardec.

Segunda Parte

O tesouro do castelo

Novela mediúnica narrada pelo Espírito

Camilo Castelo Branco

1

O VOO DE UMA ALMA

Naquela noite, eu recebera instruções para recolher-me cedo e procurar adormecer sem mais preocupações. Foram-me dadas, por via telepática, pelo generoso Espírito Charles, um dos assistentes queridos que me honram com a sua proteção e cujo desvelo à causa da Verdade, tantas vezes comprovado nos trabalhos assistenciais do Posto Mediúnico, como dos gabinetes secretos, recomendava-o ao nosso conceito como fiel obreiro da vinha do Senhor.

Eu o entrevia mais ou menos bem, de vez em quando, lucilante e belo na original indumentária de iniciado egípcio ou hindu, com o turbante ornado de esplêndida esmeralda, a túnica de mangas largas, outra esmeralda no anelar da sinistra... Sabia-o integrante de uma falange de laboriosos instrutores espirituais, assistente dedicado não apenas meu, mas de muitos Espíritos desencarnados, em aprendizado, que conosco se comunicavam constantemente, e respeitava-o por isso mesmo, acatando-lhe os prudentes conselhos e as instruções cheias de sensatez e benemerência.

Corria o mês de maio de 1930, e doce paz interior tornava-me singularmente ditosa, comovida sob os amoráveis eflúvios que sentia penetrar o meu ser, principalmente após o regresso da reunião a que me fora dado assistir no recinto de conferências do Grêmio Espírita de Beneficência, de Barra do Piraí, de cuja tribuna a palavra convicta e sincera de Claudino Dias, o presidente venerando, e o doce verbo de José Firmino de Lima — o Lima, serviçal e caridoso, a quem na cidade todos bendiziam pelas atitudes de bondade que diariamente testemunhava — semanalmente se deixavam ouvir em palestras tão singelas quanto formosamente elucidativas, dessedentando os necessitados de fé e de justiça com as alvíssaras do Reino da Luz, quais novos cruzados defendendo os direitos e os ideais do Divino Senhor.

Fiel à advertência daquele amigo do Plano Invisível, ao qual me sentia ligada por laços espirituais indissolúveis, recolhi-me de boa mente, ainda cedo, e adormeci profundamente, entregando-me a sono reparador e calmo, sob cuja injunção todas as minhas faculdades repousaram, e durante o qual nem sonhos nem quaisquer impressões se apresentaram...

Às duas horas da madrugada, no entanto, despertei, recuperando plenamente a consciência do meu estado de vigília.

Pelas frestas da veneziana penetravam os dulçorosos perfumes das flores que, no jardim, se balsamizavam com a bênção do sereno fecundante... E, em torno, um como silêncio de santuário, protegendo a noite e o repouso das criaturas...

De súbito, insólita comoção, que impôs perplexidade singular às minhas percepções mediúnicas, avisa-me de que veneráveis amigos do Plano Invisível vêm buscar-me para glorioso giro pelo Espaço, acalentado por seus desvelos e proteção. Pressinto mesmo, adejando pelo meu pequeno e pobre quarto de dormir, por entre vibrações dulcíssimas, que enternecem minha alma, o vulto delicado de um amigo do Além, envolvido em ondas de sugestiva fragrância...

Em curto espaço de tempo o corpo se me enrijece... Cerram-se-me os dentes... Gelidez impressionante, incomodativa, provocando dormência e até dores musculares, lentamente se insinua e me domina a organização carnal; e, acovardada, contraio-me, porque tenho a vaga sensação de que é a própria morte que sobre meu ser físico estende as roupagens do eterno silêncio...

Oh! deve ser muito semelhante a esse o crítico momento de expirar!

Tenho a impressão de que um grande lapso de tempo passou por sobre mim...

Noite plena... Inconsciência... Vácuo... Esquecimento... Aniquilamento...

De mim mesma, não saberia dizer se essa inconsciência durou segundos ou séculos. Mas a experiência que tenho, mercê de Deus, da causa que a produz, afirma-me que durou apenas alguns minutos.

Revolve-se, agora, o meu Espírito, qual libélula ainda presa no casulo, para deixar o corpo. Luta penosa e exaustiva. Correntes poderosas para ele me atraem. Correntes outras, não menos vigorosas, dele me arrancam em solavancos violentos. Isso me tortura, despedaça-me o cérebro, abala-me o coração, deixa-me confusa, atordoada... e sofro dolorosamente...

Ainda um pouco... E, já agora, sinto-me livre. Respiro! Desabafo! Movimento-me com leveza. Lucidez extraordinária aclara-me a mente, sem que advenha qualquer resquício de surpresa. Apenas enorme sensação de felicidade e alegria...

Tenho a singular oportunidade de contemplar meu corpo enrijecido e pálido. Conquanto se me afigurasse coisa pertencente a outrem, e não a mim, reconheço-o e, entristecida e angustiada, penalizo-me, considerando-o desagradável e hediondo...

O aposento que, ao me acomodar, eu deixara imerso em escuridão, clareou subitamente. Tudo enxergo e percebo, como se ignoto luar me favorecesse a visão.

De onde se projeta a luz que iluminou esse recinto?!... Do Invisível?... Da presença dos amáveis assistentes?... De mim própria, talvez?... pois sei que a fosforescência é um dos belos atributos da nossa estrutura perispiritual...

O certo é que há luz, e eu tudo vejo e examino, tomada de curiosidade inabitual...

Curvada à beira do leito, volto a examinar meu próprio corpo, que insiste em me atrair. Até mesmo detalhes, como os cílios e certos sinais que me salpicam a tez, eu os observo. Dúvida aflitiva advém:

— Terei desencarnado? — interrogo-me, mas logo me desvio de tais conjecturas e desinteresso-me do fardo.

Há certa volubilidade em minhas atitudes, enquanto permaneço ao redor do invólucro material. Cogito de mil coisas a um só tempo, fatigando-me sobremodo, e sobremodo confundindo-me; e tão penoso estado só se modifica depois que mais diretamente fico sob a direção da superior entidade que me guia.

Dirijo-me à penteadeira. Contemplo-me no espelho, penteio-me, sirvo-me do pó de arroz que habitualmente uso, enfeito-me com os brincos e o colar, e considero-me bem... Tenho, depois, a veleidade de achar-me encantadora, contemplando a tessitura do meu corpo espiritual. Monologo:

— É o meu perispírito! Como é lindo!...

E entro a namorar-me as mãos, os braços, o talhe, o rosto aformoseado como por encanto, a cabeleira a lucilar, esplêndida!

— Que beleza! — regozijo-me então, no agradável exame que faço de mim mesma. — Como sou bela! Sou nívea e fosforescente! Minhas "carnes" trazem a delicada compleição de uma flor!

Por momentos como que cintilo, em tons níveo-azulados, conquanto se me afigure muito denso esse novo corpo, bem diverso da entidade que entrevejo, cuja forma se diria de uma fluidez celeste!...

E tudo isso me faz tão ditosa, que me ponho a sorrir satisfeita, reanimada por impressões de uma felicidade que de outra forma jamais pude desfrutar!

De repente, sem que me apercebesse da transição, vejo-me fora do aposento, suspensa no espaço, e, acima de minha cabeça, o firmamento estrelado, levemente azul dentro da noite que o plenilúnio não aclara, mas que o fulgor feérico dos sóis que rolam nos espaços siderais ilumina de mil fulgurações irisadas. Poderes ignotos multiplicam a minha capacidade de visão, porque os nobres tutelares que me atraem emprestam-me de suas faculdades preciosas, proporcionando-me ocasião e forças para contemplar o panorama arrebatador dos astros e das constelações no deslumbramento da sua marcha, na beleza majestosa e indescritível de sublimes harmonias! E meu Espírito então se dilata, arrebatado por um gozo incompreensível no estado de vigília!... Mas tão emocionante visão tem a duração de uma fração de segundo apenas — o pobre ser agrilhoado na carne não a suportaria por um minuto sequer, sem sentir despedaçar-se-lhe o cérebro, o coração, como a própria vida animal, frágil em demasia para tão elevado feito![3]

Não obstante, vejo com frequência o aposento em que ficou meu fardo carnal. Há um traço largo de luz, como faixa, que se desprende de meu ser espiritual e se projeta sobre o corpo, transmitindo ao cérebro as impressões que me vão sendo oferecidas. De vez em quando, reflete-se o fardo à minha vista, trazido como à frente de um espelho, pela faixa de luz que de mim se desgarra.

---

[3] Nota da médium: após esses transes eu adoecia, e durante vários dias me conservava esgotada e profundamente entristecida. Tal não sucedia, no entanto, quando não conservava recordação do que via.

Perturba-me essa visão, confunde-me. Refaço-me em seguida. Reconheço-me mais inteligente que o habitual, na Terra, e sinto que irrompem dos arquivos de minha alma conhecimentos variados, os quais me tornam senhora de uma cultura apreciável. Reflito em tão importante fato, certa de que fora através de migrações pretéritas que havia adquirido esses cabedais — os quais, sepultados na subconsciência durante a encarnação presente, só nesses furtivos estados de independência relativa podem manifestar-se —, quando de chofre, sem que, não obstante, eu me admirasse ou recebesse qualquer surpresa, encontro ao meu lado uma figura simpática e nobre, tão nívea quanto eu, porém, mais vaporosa, mais fúlgida e alindada.

Reconheço-a imediatamente — é Camilo, o grande e torturado Camilo, que me fora buscar do meu sepulcro de carne para a glória da sua convivência, e cujas afinidades com o meu Espírito me encantam e sobremaneira me consolam. Saúda-me carinhosamente, fazendo-se, só então, visível:

— Salve-a Deus, minha amiga!

— Paz, mestre!

Sorrimos, muito encantados ambos, tal um par de namorados felicíssimos ao se reencontrarem. Comoção intensa alvoroça-me o ser. O amor espiritual, de almas afins, é mais ardente e emotivo do que geralmente supomos.

Camilo não traz a feição torturada dos suicidas. Sua atitude é calma, serena, confiante. Trata-me com intimidade e um afeto inequívoco, e suas atenções sensibilizam-me. Junto dele sinto o aroma da polidez encantadora, da educação aprimorada. Idolatro sua companhia e desfruto um bem-estar e uma confiança indefiníveis ao seu lado. Todavia, ele conserva ainda aqueles rompantes de crítica mordaz e não raro me diverte com sua ironia fina.

Conversamos naturalmente. Não há misticismo em nossas palestras. Não me fala gravemente como Bezerra de Menezes, nem com a autoridade de Bittencourt Sampaio ou de Charles. Tratamos, apenas, do que nos inspiram as nossas tendências. Distingo-o com facilidade e suponho lhe não ser de todo desagradável a minha companhia, pois várias vezes me atraiu a giros como esse. Entretanto, fala-me mais ou menos nestes termos:

— Sei eu que te deleitam os assuntos nobres de outros tempos. Apraz-me, por isso, narrar-te uma velha história de castelos assombrados e fidalgos orgulhosos, saturada com uma parcela delicada daquela essência preciosa a que jamais se desdenha aspirar, e que conceito eterno mantém entre os mortais e os imortais: amor! Concentra em mim as tuas forças e a tua confiança... Convenhamos que o que vais presenciar se passou há uns bons três séculos, nas lendárias terras do velho Portugal, que Deus preserve. Verás, *a par da distração que a ti desejo proporcionar*, que o amor, a bondade e a beneficência são nobres qualidades indispensáveis à paz do homem, em qualquer estado em que se encontre; e que longas horas de amargores há de sorver o desgraçado que as repudiou por cínica preguiça ou por deduções insanas feitas a respeito da vida, que em geral teimamos em amoldar às paixões pessoais, em vez de nos amoldarmos a ela, como o indica o critério bom da lógica, a fim de furtar a consciência a conflitos desastrosos...[4]

Penosa comoção sacode-me as profundezas do ser. Descarregavam sobre mim não sei que poderosas forças ignotas. O nobre amigo enlaçou-me como se em estreito abraço me prendesse. E então, sob a mágica expressão da sua palavra culta, que se corporificava em cenas vivas e

---

[4] Nota da médium: Sei que o grande Camilo tem ânsias de ditar obras mediúnicas, mas que luta com dificuldades para o integral aproveitamento de sensitivos capazes. Infelizmente, meu pequeno cabedal intelectual não lhe permite verdadeiras expansões. Tendo com esse encantador Espírito as melhores afinidades afetivas, falecem-me, entretanto, recursos intelectuais para servi-lo, conforme ele próprio o desejara.
Atraiu-me a vários giros como este e em todos interessantes novelas me mostrou. Mas da maioria delas não me foi possível conservar lembrança e perdi-as completamente, ao despertar, ficando-me apenas vaga impressão do passeio dado.

sentidas, cheias do colorido da realidade, foi-se desenrolando aos meus olhos espirituais esta interessante crônica do século XVII, cujo sabor antigo é, com efeito, tão do meu agrado, e a qual tentarei descrever da melhor maneira que me permitirem as recordações guardadas.

2

O CASTELO NEGRO

Portugal de 1640.

Velhas ruas de casarios pesados, palácios entristecidos dentro da sua arquitetura austera de linhas medievais, com largas ogivas de vitrais corridos e portas brasonadas, chapeadas de ferro, hermeticamente fechadas...

Becos, vielas, praças, bairros aristocráticos ou ruas escuras e misérrimas do velho Portugal de ontem — reavivam-se e se movimentam aos meus olhos espirituais cheios de atenção.

Calçadas tortuosas, sarjetas com suas águas turvas e malcheirosas, fendidas ao meio das ruas toscamente lajeadas; nichos cavados nas paredes, em plena via, guardando imagens padroeiras; lampiões enfumaçados, pendurados a varais de ferro no cotovelo das ruas, ou às portas dos albergues e das casas nobres; costumes e usanças de Portugal em 1640 reapareceram como por encanto para me fazerem observar muito, numa época que tanto me atrai...

Voejamos como que pouco além do solo. Por vezes, porém, dir-se-ia que transito naquelas ruas, me intrometo pelos palácios, observo detalhes... Para mim, não é aquilo um reflexo do passado. É um presente que eu própria vivo e gozo.

Abandonamos as povoações. Penetramos o campo. Como que viajamos pelo Espaço. Dir-se-ia que tudo quanto vejo ficou impresso na eternidade das vibrações das ondas luminosas desde aquela época, e que, agora, meus amáveis guias selecionam o que desejam, para as instruções que têm em mente. Dirigimo-nos a um local determinado. São paisagens agrestes com seu gado e seus pastores, mostrando o trabalho, fiel amigo que nobilita o homem em qualquer idade... São montanhas imensas, coroadas de matagais profusos; ribeiros mansos ou rios caudalosos, que dão saúde aos campos, e vales próximos, arrastando no seu leito turbulentas espécies de outras vidas!

Ação, fecundidade, vida, progresso e luz! — eis o poema da Natureza cantando a sua própria glória! eis o hino inimitável, eterno e intraduzível, que desce dos tabernáculos sagrados, embeleza e harmoniza a mesma vida, para de novo evolver, em haustos de vibrações consecutivas!

Arrebatam-me essas cenas dentro da Natureza, que eu venero como a ação de Deus que se patenteia para os homens... e agradeço a Camilo — meu delicado guiador — a gentileza da formosa visão oferecida.

Rochedo negro e abrupto, elevando-se, rotundo, às bordas de um mar violento, fere-me a atenção. Esforço-me por escapar quanto possível à atração da minha galé de carne, a fim de bem compreender os fatos, pressentindo o seu início. Sofro indescritivelmente. Tranquilizam-me, carregando meu ser de energias revivificadoras.

Sobre tal rochedo, plantada numa espaçosa área traçada em quadrilátero, apruma-se velha fortaleza feudal, que mãos artísticas aprimoraram de retoques góticos rendilhados, como enfeites em tecido surrado. Grossas torres levantadas aos quatro cantos cardeais, ornadas de seteiras, minaretes e balcões, dão severa majestade, a par de antiquada poesia, à fortificação. Como praça de guerra que incontestavelmente fora, essa fortaleza seria inacessível. Como habitação, favorecida pelos remendos góticos, passaria por encantadora, a desdenhar dos perigos de que se via embaixo rodeada. Ao Sul e ao Sueste era o mar bravio, a levantar vagas possantes para esboroá-las de encontro aos penhascos rochosos do sopé do monte, cobrindo-os de brancas nuvens de ondas e espumas. Ao Norte e ao Oeste, a tecer semicírculo em torno do rochedo, era um braço de mar entrando em fosso profundo para se despejar do outro lado, rente a um giro útil e obrigatório. Uma ponte levadiça, chapeada de ferro, batida em pranchões vigorosos, era o único ponto de comunicação daquele arsenal de velharias com o exterior. Agora sistematicamente arriada, essa feudalíssima ponte outrora só de longe em longe descia as aristocráticas correntes rinchadeiras para permitir passagens. Residência não seria tal antro, senão refúgio de demônios. Desgraçado de quem, descuidado, retorcesse os artelhos lá em cima, à borda das rampas da beira-mar. Moía-se em bocados, aos trambolhões pelas penedias, antes que se sumisse sob as raivosas vagas que ululavam no seio do vetusto mar, voraz de funestos apetites.

Compreendia-se que semelhante fortaleza, plantada sobre abismos, seria posto de vigia, a sondar piratas e hordas invasoras, ou dataria das cansadíssimas eras mouriscas, quando os ofendidos senhores portugueses, a defenderem seus legítimos direitos, entrincheiravam-se em asilos menos devassáveis que o próprio céu ou o próprio inferno!

Todavia, de todo não era carente de garridices aquele reduto de antigos guerreiros. O rochedo era espaçoso, possuía, por acaso, terras cultiváveis no dorso oposto ao mar.

Alguns castelões ociosos que o habitaram após pelejas mouriscas, tinham passado a sesta a cultivar, com beneditina paciência, o seu lado fértil. Vicejavam por ali, aprimorando-lhe as rampas terrosas, bonitos salgueiros, velhos olmos copados, pinheiros esguios e folhudos e elegantes acácias, que em maio já se assanhavam, coroando-se de cachos coloridos. Esse parque original, semeado de ricos tabuleiros de flores bem cuidadas, suspenso num abismo, vira-se garridamente plantado em plataformas sobrepostas, com lances de escadas sinuosas, cortadas no próprio dorso da montanha...

Era bonito aquilo. E sem guerras nem piratas e tampouco mouros; sem alaridos de ataques, nem gemidos, nem pragas de vencidos e invasores; na paz bucólica do campo, e ao som monótono do mar que jamais atingiria, com suas raivas, o pináculo do monte, poderia ali viver, embalada por sonhos de sãos projetos, qualquer alma pouco ambiciosa.

Pelos campos, em redor, a vegetação era abundante e a vida álacre. Granjas, casais, velhas quintas odoríferas com frutos bojudos e vermelhos, a trescalarem convidativos aromas de seus pomares bem cuidados; povoações, aldeias, igrejolas pintadas de azul e branco, a badalar festivamente sinos chochos — guapa rapaziada moça e atrevida; tão variados encantos desfaziam, em 1640, o aspecto sinistro que supersticiosas lendas haviam criado a respeito do Castelo do Rochedo Negro. Se ao fundo desse antigo solar havia a calamidade e o pavor de vagas doidas que se levantavam em hordas para se despedaçarem, com rumores de abismos destroçados, ao encontro de penedias invencíveis, quão diferente era o espetáculo divisado à sua frente! Aqui era a poesia dos campos rociando o ambiente no seu vulto consolador e doce! Eram bosques de pinheiros e salgueiros sombreando vargedos salpicados de roseiras bravas, de um perfume ardente; montes coroados de pesados carvalheiros, que davam a boa lenha; vales olentes onde lírios floresciam acendendo o turíbulo dos aromas excitantes durante a primavera inteira!...

Formoso panorama enquadrando granjas, igrejolas e pastores!

Dividia-se o Castelo em duas partes distintas e, por assim dizer, independentes: a ala direita e a ala esquerda.

A primeira, mobilada com gosto e riqueza excessiva, excedendo, mesmo, o uso e o conforto da época, seria a moradia esplêndida de um príncipe. Achava-se, apesar de tais vantagens, desabitada, jazendo interdita, como se assolada por sezões, guardando assim, avaramente, o segredo dos esplendores próprios, até mesmo para os habitantes da sua vizinha, a ala esquerda. Silêncio, trevas e pó cortejando riquezas! Ogivas trancadas, vitrais corridos, reposteiros descidos, solidão e mistério velando salões riquíssimos, gabinetes curiosos, armários suntuosos, nos quais baixelas de ouro e porcelanas da Índia dormiam o sono de relíquias. Ricos candelabros ornando estufas talhadas em madeira preciosa, ou em mármore, emprestam elegante majestade a quase todos os compartimentos. Há lustres e lâmpadas cinzelados por mágicos buris, alguns agitados por inspiração de gênios, que deixam cair dos tetos bordados a antiga riqueza de épocas ostentosas, em que talvez monarcas e sultões subissem a escadaria para ali se banquetearem pelas vitórias alcançadas! E tapetes orientais, e reposteiros de Damasco, e peças inteiras mobiladas ao uso e arte do Oriente, e salões de música com harpas, violinos, bandurras, instrumentos esquisitos, provindos ainda do maravilhoso Oriente, obrigam à suposição de que os doadores do Castelo seriam mouros ou árabes legítimos, ou teriam viajado por aquelas terras longínquas, dali trazendo as preciosas raridades que se misturavam a outras tantas de uso e costumes do Ocidente.

Extensa galeria de retratos a óleo, numa grande sala de honra, cujo severo mobiliário lembraria um tribunal, mostra velhas telas que reproduzem as dignas imagens de austeros fidalgos portugueses e damas de cabeleira erguida e olhos desdenhosos, e desengana quanto à suposição de jovens mouros como habitantes da velha fortaleza. Não; não havia ali mouros. Eram portugueses e espanhóis todos aqueles imponentíssimos barões metidos nos seus gibões bordados, e orlados os aristocráticos pescoços europeus com aqueles escandalosos colarinhos encanudados que produziram iras a mais de um governo sensato da Europa. Nem uma leve e graciosa cabeça de sultana de olhos lânguidos e lábios provocantes! Nem um mouro príncipe de coração ardente como as areias da sua pátria! Na extensa galeria só gibões bordados, senhores de fidalgos cavanhaques, e damas altivas de colos e braços discretamente velados...

Dir-se-ia um museu essa ala da direita. O túmulo de algum moderno faraó, que na morte se locupletasse com as prendas que em vida o regalaram. Quanto à da esquerda, inegável era que guardava também riquezas. Não obstante, era como sofrível granja à frente de um palácio de monarcas vaidosos. Está, no entanto, habitada, enquanto sua vizinha da direita jaz em solidão completa, escondendo mistérios...

Rica biblioteca situada na ala esquerda, recamada de obras imponentes, faz compreender que os senhores do Castelo Negro são daqueles raros nobres dados a estudos. Primorosa mobília renascença italiana orna-a com arte insuperável. Há nessa dependência um ambiente religioso que emociona.

Um rapaz de pouco mais de 20 anos senta-se em grande poltrona de espaldar burilado na arte florentina, junto à principal mesa de estudo. Traja-se à moda da época, mas seus cabelos são ondulados e não passam da polpa das orelhas; e suas vestes, conquanto de excelente tecido de veludo, estão já surradas e desbotadas. É moreno e nada feio. Joga para trás os luzidios cabelos ondulantes. Seus olhos vivos e ardentes trazem o negro brilho dos olhares espanhóis e a malícia do meridional português. Chama-se Diogo Antônio José Francisco de Castanhede e Casablanca d'Alvarada e Aragão.

É o mui nobre castelão do Rochedo Negro.

3

História lagrimosa de dois fidalgos

O senhor castelão absorve-se na leitura de um grande livro com fechos de ouro, páginas de especial madeira, finamente adaptada, e capas de tartaruga, com incrustações de ouro e marfim. Tão avantajado é o volume que o senhor d'Alvarada, refestelado na poltrona florentina, levantou as bem formadas pernas, esticou-as sobre a mesa, na qual as apoiou, cruzando-as, e nessa estante original colocou o estranho volume, cuja leitura o absorve. D. Diogo d'Alvarada é preguiçoso como todo fidalgo jovem que se preza e não admite incômodos, nem para instruir-se.

É um tratado de magias e cabala e está escrito em árabe. O castelão é também senhor de invulgar cultura, e lhe não é difícil penetrar os segredos do remoto idioma. D. Diogo herdara, havia pouco, de um parente afastado, o solar soberbo que descrevemos; e, encontrando ali a valiosa biblioteca, que se ufanava de ser a mais importante dependência não só da ala esquerda, como do Castelo todo, nela se lhe depararam tratados de magias e de invocações de almas defuntas, de assombrosa variedade! Rebusca tudo, tudo lê e examina com audácia, apaixona-se pelos atraentes fatos narrados por faquires e feiticeiros do Oriente. Estuda com ardor, empolga-se, arrebata-se e pretende habilitar-se para arriscadas provas que os compêndios árabes e os manuscritos hindus lhe vêm assinalando. O senhor Diogo, como vemos, apesar de muito jovem, é quase um sábio. Pela mesa veem-se espalhados volumes em árabe, em hebraico, em grego e em antigo latim. Ele os lê a todos. Educou-se num convento de beneditinos! E aprendeu por lá coisas primorosas!...

Julgaram alguns parentes rezadores que o mancebo se cativasse de amores, para sempre, à ordem. Mas D. Diogo trazia bizarro sangue a lhe escorrer nas veias. Instruiu-se, letrou-se, aprendeu coisas boas e péssimas, observou por hábito, espionou com ousadia e descobriu, desencantado, muita podriqueira vil, adentro das sacristias, em volta das batinas e no escuro das celas; e como era, por acaso, honesto e generoso, envergonhou-se dos mestres que lhe davam, revoltou-se de ombrear com tão cínicos comparsas e, pedindo uma dispensa, libertou-se das garras aviltantes do bando negro que o corvejava. E vai daí resultou que, em vez de monge, se fez castelão, para estudar magias e conversar, com fradesco atrevimento, as aldeãs da redondeza...

Sem embargo, há miséria no Castelo do Rochedo Negro. Há miséria ali, e a aflição alarma seus senhores. Os reposteiros da ala esquerda estão rotos e empoeirados; os tapetes, velhíssimos, porque os mais novos foram já vendidos, recordam apenas a riqueza de que promanaram; os móveis, sendo ricos, carecem de reparo e verniz; e os candelabros e lustres que ainda restam sobre estufas apagadas, e pendentes de tetos esculpidos, são acintosas gargalhadas de um passado suntuoso a insultar o presente adverso.

Na despensa, restos apenas. Não há provisões para o inverno. Semanas há que uma sorda se vê honrada com as atenções devidas aos banquetes. O fumeiro, quase totalmente despido de bocados, entristece a mestra das cozinhas; e os boiões e canjirões tinem com o ingrediente no fundo... ao passo que, nas adegas espaçosas, turmas de barris empilhados, mas vazios, atestam a penúria que para lá entrou com o escoamento do derradeiro pipote. Apenas um ou outro odre de medíocre vinhaça regional ocupa recantos fadados a hospedagem mais digna...

É dezembro e espera-se o Natal.

Um vento agudo e rijo despega dos ares flocos de neve avantajados, quais as maçãs das ilhas, enregelando a terra, enquanto inteiriça os arvoredos com seu sudário níveo. No Castelo só uma estufa foi acesa: — a da senhora castelã. O próprio d'Alvarada, na sua biblioteca oriental, contenta-se com cobertores de lã de cabra, enquanto lê seus tratados de evocações. Tapetes asiáticos, reposteiros indianos, candelabros de ouro, galerias de retratos de condestáveis e barões das Cruzadas e de damas de olhos orgulhosos; peças de mongol e sândalo incrustadas de marfim e ouro e prata, que se escondem à outra banda, e biblioteca renascença com papiros em hebraico e árabe mais não passam de atrevido insulto ao gibão surrado do senhor Diogo e ao fogo de gravetos da estufa da senhora baronesa, sua mãe.

Há ali miséria e, com ela, desânimo e preguiça. D. Diogo d'Alvarada e Aragão que o ateste, com seus estranhos modos de ledor.

* * *

A senhora D. Ângela Mariana Magnólia Francisca de Castanhede e Casablanca d'Alvarada e Aragão está sentada na sua velha poltrona de damasco grená e ouro, que o tempo desbotou, e tem os brancos pés metidos em quentes sandálias de lã, descansados sobre um coxim da Índia, à beira do magro fogo da sua estufa. Não se dignara sair ainda dos seus aposentos particulares, apesar de já ter passado havia muito a hora do almoço, e não só exigira que lho servissem ali, no seu gabinete, como também não consentira em receber o filho, o seu mimoso herdeiro Diogo, que a desejara saudar como cortesmente fazia todas as manhãs.

Achava-se contrariada a senhora baronesa d'Alvarada. E a raiva que lhe excitava os deprimidos nervos e o frio que lhe enregelava os ossos, assanhando-lhe a bronquite, mais ainda a enfureciam, tornando-a insuportável à Margarida — velha criada de estima, única que a servia — e ao próprio Diogo. Contrariara-se até o excesso a senhora baronesa, até o absurdo. E esse excesso e esse absurdo saltavam à cara de um qualquer, diante do desalinho em que se deixava estar até aquela hora da tarde — rosto sem pós nem tintas, cabelos sem cosméticos nem fitas, o bojudo corpo não espartilhado, metido num roupão de flanela branca, longo e feio qual mortalha — ela que, invariavelmente, cedo ainda, se alindava toda, porque nem mesmo ao próprio filho consentia em se apresentar negligentemente.

Forte causa provocaria tão grande efeito!

Por certo que não seriam os canjirões vazios nem as estufas desprovidas de achas — a senhora D. Mariana Magnólia de há muito se acostumara a essas frioleiras. Motivo mais grave ainda transtornava, então, seus hábitos! Não seria o estar sem cargas o fumeiro, nem envolvido em lãs de cabras o senhor Diogo, quando na biblioteca duas estufas portentosas aguardavam elementos combustíveis a fim de aquecerem o recinto, o que a aborrecia. Para cúmulo das raivas que a excitavam, surgia aquele inverno terrível, a neve manhosa que não cessava de cair sobre o seu belo parque plantado em plataformas, vedando-lhe o doce e melancólico recreio de fazer leituras à sombra dos olmeiros, ou os devaneios ao peitoril dos balcões ensombrados, pois a senhora d'Alvarada era romântica e pensativa, e gostava de meditar sobre velhas lendas de cruzados e condestáveis que voltavam das guerras cobertos de glórias e valentias, e vibrantes os peitos de acendrados amores!...

Que neve! Que frio! Que horror!

E ela contrariada, cada hora um grau acima, enquanto a temperatura descia um grau abaixo, mantinha-se nervosa, junto da vadiagem daquele fogo descarado, que lhe fazia trejeitos na vacilação de chamas magricelas — filhas linfáticas de gravetos tísicos —, que Ricardo, o mordomo e único criado, e a boa Margarida teimavam em descobrir ao redor da casa, para se não tornar preciso deitar abaixo os folhudos arvoredos. De vez em quando, levanta-se, chega à ogiva próxima, espiona entre os reposteiros, através dos claros dos vitrais, a estrada longa que lá embaixo se estende em linhas sinuosas, recobertas de gelo; olha e reolha bem, como a descobrir alguma coisa, e volta a abancar-se junto da estufa, para agitar a velha campainha de antiga prata cinzelada, chamando Margarida, e dar-lhe, uma vez a mais, ordens há muito dadas e executadas, e questionar razões que muito haviam já sido exploradas:

— Margarida, mulher de Deus?!... que fazes por aí, que já não me apareces cá?... Preparaste, porventura, o quarto da menina com as colchas novas, conforme te ordenei?... Prepara-o, anda, Margarida! Prepara-o sem tardanças! Arruma-lhe tudo do melhor possível, que não vá aquela sirigaita da Corte cá chegar de um momento para outro e verificar ainda mais as nossas aperturas...

— Já se acha tudo preparado, conforme me ordenastes, senhora baronesa! Podeis estar descansada, que, se a menina Aurora chegar dentro de um 'minutito', coisa nenhuma terá a esperar ou reparar!

— Recheaste as lebres que Diogo criou para este Natal?... Assaste o cabrito de Ricardo? E a torta, Margarida? Que fizeste da minha torta de figos, que desde ontem estou a me cansar em avisar-te que será para a ceia de hoje?...

— Eu de nada me esqueci, senhora baronesa! Também a vossa querida torta se acha à espera da menina Aurora, assim como as lebres do senhor D. Diogo, e o cabrito do Ricardo, e mais umas...

— Ah! Disso desconfiava eu, que tudo já havias preparado, e do melhor, para receberes a menina... Que me importa lá? Não é isso porque faça eu empenhos para cativá-la com gentilezas... Ó senhores santos do paraíso! Não foras tu de longa data a alcoviteira de Aurora e mais Diogo!... Cuidas tu, serva infiel, que não percebo teus murmúrios e 'segreditos' com D. Diogo?... Cuidas que ignoro serem tais cochichos à conta de Aurora?... Vamos, minha boa Margarida, responde-me tu com lealdade — estimas ou não estimas a tua senhora? És ou não és serva fiel e dedicada?

— Ó minha cara e boa senhora, acaso duvidais da vossa humilde serva, que vos estima a valer, mais que o próprio sangue das suas veias?!...

— Pois, então, responde-me: Que dizes, tu e mais Diogo, nesses cochichos? Que te diz ele dela? Que pensa e que sente D. Diogo acerca de Aurora de Casablanca?...

— Mas... senhora baronesa, juro-vos por minha madre protetora, que é a Nossa Senhora das Boas Harmonias, em como nem eu nem o senhor D. Diogo nada dizemos a respeito da querida menina...

— Ah! Ah! Ah! Ah!... A delambida como está para aí a mentir! Sabes que mais?... D. Diogo jamais se casará com Aurora, que o não consentirei eu, sua mãe! Julga-nos ricos, aquela descarada, porque fomos os herdeiros do barão André, nosso primo, o qual, digamos de passagem, bem poderia ter esquecido-se de nos legar este 'castelaço' insuportável, tão grande e feio quanto sinistro, com suas horrendas tradições! Favor nos teria feito, o estúpido defunto, de não no-lo haver legado...

— Dizeis tão tristes coisas, minha senhora, porque não tendes simpatizado com a vossa rica sobrinha, tão casta e boa, e por vos haverdes habituado, na vossa solidão, a desconfiar de todos...

— Sim, cuida-nos ricos, a mazelenta da Corte, e por isso persegue o meu Diogo e avisa-nos de que passará conosco o Natal, se bem que não deva ignorar o horrível frio que se sofre no campo por este tempo... Olha cá, Margarida: ao chegar Aurora recebe-a tu e mais o Diogo, apenas, que quanto a mim só amanhã pelo almoço hei de lhe mostrar a cara! Era só o que me faltava! Fazer-me de alcoviteira de uma pobretona como Aurora! Recebe-a tu. Não lhe darei agrados nem atenções, que se vir por aqui alegres caras, senhores santos do paraíso! plantar-se-á de uma vez ao lado de Diogo e terei que aguentá-la às costas por minha nora a vida inteira!...

— Mas, senhora, a pobre menina é 'boazita', e afianço-vos em como não persegue assim o menino... Estima-vos muito, e, além do mais, a 'coitadita' tem sofrido um bocado duro... É órfã e pobre, não tem um lar que lhe seja próprio... Vive um dia aqui, passando a Paixão, outro dia ali, a esperar o Natal, acolá segue a viver o outono, e além volta esperando a primavera...

— Cala-te, Margarida! Ousas, pois, contradizer-me?... 'Boazita' e pobre, dizes tu? Exploradora é que lhe devias chamar, a viver à custa alheia! Por que não se mete num convento a lavar a roupa suja das monjas, visto que é pobre? Sim, procura cativar-me, enredar o meu rico filho com aqueles ares de santinha, porque nos supõe ricos com a herança do defunto barão... Boa, chamaste-lhe? Intrigante é que é. Intrigante e assanhada! Já te não lembras como se desmoralizou na Corte, por mal portar-se nos bailes da condessa de Frazão, nas caçadas do barão de Castelar, nas festas do embaixador da Inglaterra? Namorava dez mancebos a um só tempo, ouvia-lhes 'segreditos', gargalhava sem constrangimento, em loucas correrias atrás dos gamos, abanava-se como qualquer burguesa e dava-se a desfrute... e agora, desmoralizada, anda à cata de um marido de província, porque os de altas rodas — ah! ah! ah! — a conhecem muito bem! e já se não cativam por prenda tão insossa!...

— Nossa Senhora das Boas Harmonias! Benzo-me! Minha senhora baronesa, estais a pecar, perdoai-me dizer! Juro-vos como foram intrigas da senhora D'Alcântara Fialho! Conheço a menina! Não seria capaz de uns propósitos destes! Foram intrigas, foram! A pobre menina é séria e pura como uma pomba, e ama o senhor D. Diogo, desde pequenina!...

— Ah! Viste? Viste? O que dizia eu, que eras tu a alcoviteira?... Já o sabia, traidora, pois, sabendo que me oponho a essa união, ousas proteger os namorados, animando-os à desobediência! Sei mesmo que outrora lhes facilitavas encontros a sós, acompanhando-os às missas da Senhora dos Remédios, ao romper da alva...

A boa serva, interdita, pôs-se a chorar, corrida sob as acusações, aliás, verídicas, da ama, da qual fora serviçal desde a mocidade de ambas, e a quem fielmente queria. Margarida era dessas servas admitidas na intimidade da família e que, por isso, acabam dela fazendo parte. Honra seja feita aos sentimentos da senhora d'Alvarada: estimava Margarida, dava-lhe inteira liberdade em seus domínios e ia mesmo ao extremo de com ela discutir assuntos íntimos — sinal incontestável de grande consideração. Margarida aceitava a liberdade, mas jamais se prevalecia do poder de que dispunha. Servira Mariana nos dias fugazes de prosperidade; acompanhara o brilho das curtas venturas que à baronesa foram dadas desfrutar; seguira-a na odisseia dos esponsais com o ilustre D'Aragão; e depois, quando o ocaso de mil ruínas sombreara a vida da infeliz senhora, e lágrimas e luto recobriram de amarguras seu coração esfarpelado, Margarida fora a única serva — única verdadeira amiga — que a não deixara sozinha! Por tão excelentes dotes é que à velha Margarida, agora, era permitido contradizer a senhora, sustentar discussões, imiscuir-se nos casos de família e cochichar e ralhar com o senhor Diogo, ao qual embalara nos braços desde os primeiros vagidos. Ela e Mariana viviam a alimentar eternas discussões. Estimavam-se quais ternas irmãs. Não admitiam que pudesse passar uma sem a outra. Mas por um tudo e por um nada discutiam. Dessas perseverantes discussões resultava invariavelmente o pranto de Margarida, coisa que muito comovia a boa ama e, imediatamente, a predispunha a atitudes mais doces para com a velha serva, razão por que nunca se esquecia esta desse trecho do programa.

— Ah! Choras? — continuou Mariana vendo a criada ocultar o rosto convulso nas dobras da grande manta de lã. — Choras?... Pois devem ser os remorsos que te afligem a consciência por haveres traído tua ama, que tão tua amiga tem sido nesta vida!... Bem... bem... Deixemos para lá as discussões... acalma-te... acalma-te... Porém, dize-me ainda, minha boa Margarida, porque favoreces tu os amores de Diogo e mais Aurora, quando sabes que tenho razões para convencê-lo a desposar a senhora D'Alcântara Fialho?...

— Jesus! Nossa Senhora das Santas Harmonias! Uma mulher velha para o menino!!!...

— Velha, dizes?... Velha?!... E tu, e eu, que seremos, se a senhora D'Alcântara for velha?!... Esqueces, porventura, que ainda atrai olhares, pois não atingiu sequer os 45 anos?...

— E o menino que mal fez os 20, Jesus!...

— Ora... ora... Deixa-te de derriços pelo rapaz, Margarida!... Tu cá é que mo andas pondo a perder com tais mimos, Margarida!... Que importa a diferença de idades, se é rica a senhora, e precisamos velar pelo futuro de Diogo?... Um consórcio com Aurora, o que nos trará, senão maiores desgostos do que os que já possuímos?...

— Mas os dois se idolatram, senhora baronesa!...

— Também eu idolatrei D. Antônio d'Alvarada, e tu bem viste a que extremos de miséria me reduziu o amor por ele... Não, não e não, Margarida, digo-te eu: enxotemos Aurora, entronizemos aqui a senhora D'Alcântara Fialho e mais seu ouro! Ó nobre e respeitável dama, que, riquíssima, se apaixona por um pobre fidalgo de província e, além do mais, paupérrimo, e chega à generosidade de propor uma aliança a fim de decentemente protegê-lo e prepará-lo para um belo futuro!

— Porém, ele não a ama, senhora baronesa! Quer, antes, à menina Aurora! Oh! sendo assim tão nobre e respeitável, porque não se recolhe a um convento essa digna senhora, para servir a Deus?...

A baronesa, pálida de cólera diante de tal atrevimento, ia responder à serva, pondo-a fora do gabinete com os impropérios costumeiros, quando, nesse instante, uma voz varonil, quente e agradável, vibrou na antecâmara, chamando-a:

— Margarida, Margarida, onde te meteste?...

— Aqui, senhor D. Diogo, aqui, e já vos atendo... Com vossa licença, minha senhora, com vossa licença...

Ângela Mariana d'Alvarada e Aragão ficou só. Indignada por não encontrar apoio em sua fiel serva, para os projetos que trazia em mira, pegou do frasco de sais, aspirou-o com certo nervosismo, endireitou-se na sua banca de damasco grená, compôs as pregas da mortalha que fingia de roupão, tossiu, levantou-se, espiou, pelos vitrais, a estrada que se alongava na planície, sentou-se de novo, abanou-se, apesar do frio, recompôs-se e entrou a maldizer-se, como um soldado castigado. Odiava a sobrinha, não porque uma ou outra fosse má, porém, aborrecia a miséria em que vivia, e pretendia dela se livrar casando o seu Diogo com qualquer fortuna. Opusera-se à vinda da pobre moça ao seu Castelo com todas as forças da neurastenia plantada nos seus nervos pelos dissabores. Mas Diogo, que ardentemente amava a prima e era por ela amado, pleiteara os seus direitos de chefe dos domínios, com tal ardor, coadjuvado pela ama, que a baronesa, vencida, concordara em recebê-la, e Aurora de Casablanca chegaria naquela tarde.

Enquanto, porém, lá fora cai a neve branca, laqueando os caminhos que se tornam intransitáveis; enquanto esperamos a carruagem de Aurora, e Diogo e Margarida ora discutem sobre as últimas demãos a dar-se nos preparativos para a recepção de tão elegante visitante, ora se riem à socapa, lembrando-se da senhora D'Alcântara Fialho e suas pretensões; enquanto a tossir e a resmungar a senhora Mariana Magnólia se aborrece à beira da estufa aquecida por minguadas chamas de gravetos tísicos, voltemo-nos para o passado e notifiquemos pequenos acontecimentos que encadearão a nossa história.

* * *

A senhora D. Ângela Mariana Magnólia Francisca de Castanhede e Casablanca d'Alvarada e Aragão era uma pobre dama de velhas descendências portuguesas e espanholas, e tão autêntica e virtuosa quão desventurada. Jovem ainda, casara-se por apaixonado afeto com um fidalgo espanhol que lhe trouxera um nome dos mais ilustres da Península, mas poucas vantagens financeiras. Conspirador e guerreiro, senhor de um caráter arrebatado e impulsivo, que dele fazia um modelo perfeito de guerreiro de Espanha, o cavaleiro de Aragão vira por mais de uma vez confiscados os próprios bens, quando era atirado a masmorras, das quais, no entanto, a sua boa estrela, tentada por seu nome, teimava em arrancá-lo, tantas quantas vezes para lá o arrojavam. Mas tão frequentes conspirações, sequentes prisões e inevitáveis sequestros, acabaram por destroçar de vez sua valentia e suas rendas, e, um belo dia, D. Antônio José d'Alvarada e Aragão estava arruinado e a braços com dificuldades alarmantes. Emigrou então, não obstante o domínio espanhol por sobre a Península em peso. Habitou terras portuguesas. Viu e ternamente amou D. Ângela Mariana e com ela casou-se. Todavia, as emigrações pouco hão satisfeito a quem conserva ambições, orgulho por um nome próprio, e apenas sabe conspirar e esgrimir. Tornou à Espanha, conspirou de novo e, desta vez, sucumbindo em luta inglória, deixara à mercê de vicissitudes mui penosas a esposa — jovem ainda e tão formosa quanto boa — e um filho que lhes era o terno encanto, o seu Diogo, que então contava apenas as suas 3 acanhadas primaveras.

Mariana, mártir de tão rude provação, tornou a Portugal com pesado luto, e mais o filho, encerrou-se no Algarve, numa feiticeira quinta que lhe fora da herança paterna. Do produto modestíssimo dessa pequena propriedade passou a viver então a desoladíssima viúva, uma vez que não avultavam somas nas arcas do ramo dos Casablanca do qual nascera. Em vão tentara reaver para o filho parcas migalhas dos confiscados bens de D. Antônio d'Alvarada. Em vão expusera razões, enviara emissários, escrevera cartas e requerimentos que eram odes lacrimosas. Os governantes espanhóis eram cabeçudos e continuaram mantendo suas respeitáveis leis, pouco se lhes dando que, do fundo de uma província portuguesa, uma pobre mãe reclamasse aflitivamente o que ao filho, de direito, pertencia.

No entanto, as coisas são e sempre foram assim, como as fazem os homens, e não como antes deveriam fazê-las. Mariana, compreendendo, finalmente, essa desalmada lógica, resignou-se, deixou de escrever odes e nunca mais tratou de reaver o que era seu.

Alguns parentes abastados, no entanto, conhecendo-lhe as aperturas, a socorreram nos primeiros tempos, talvez por um acaso invulgar na lógica diária e comum. Dentre estes destacou-se o barão André Luís Januário Francisco de Castanhede e Casablanca, seu legítimo primo, considerado o mais opulento membro dos Castanhede e Casablanca reunidos, o qual a amara em outros tempos, tendo firmado mesmo um formal compromisso de esponsais com ela, antes de o nobre d'Alvarada aparecer. Por favores abnegados, pois, do senhor barão André de Casablanca, pudera Mariana educar o filho suntuosamente, num convento de santos beneditinos, pois era uma dama culta — coisa excepcional em sua época — e desejara para o seu Diogo a valentia do pai, esclarecida pelo facho da ilustração de seu dedicado protetor, pois que D. André se fizera respeitável entre os membros da família, não apenas pela opulência do seu ouro, mas igualmente pelo arsenal de ilustração que possuía. Diogo ilustrara-se. Porém, decepcionara a mãe e os mestres, pois não adquirira nos livros pendores para as guerras, e, ainda menos, afetos pelas sacristias. Todavia, ilustrara-se tal qual o nobre primo, ao qual, não obstante, não chegara sequer a conhecer, porque D. André Luís Francisco, esquisitão e casmurro, jamais concordara em receber visitas ou agradecimentos da antiga noiva, apesar de quanto a protegia e parecia estimar.

4

O DEMÔNIO DO CASTELO

O barão André, como dizíamos, amara D. Ângela Mariana quando solteira, pois fora gentil a nobre dama, e inspirara amores fortes a mais de um mancebo do seu tempo.

O amor do barão por Mariana nascera com os albores da adolescência. Cresceu o sentimento com os fulgores da mocidade. Perseverou em lutas, inflamou-se, arrebatou-se e levou-o a apaixonar-se de um sentimento imperecível, como se concebe e se pode sentir apenas uma vez!

Correspondido, iluminada sua ardente alma de sentimental por acalentadoras esperanças, e já escravizado à felicidade que para o gozo próprio sonhara, ao lado da bem-amada prometida, dera-se ao seu ideal com ânsias de insensato, sem se perturbar, jamais, com a ideia de uma desventura possível.

Um dia, quando mais propícios lhe apareceram os horizontes do porvir, chegara a Portugal, banido da Espanha, o nobre cavaleiro de Aragão, que o excedia em garbo e gentilezas e era sedutor como todo espanhol de boa e de má raça.

D. André de Casablanca viu-se preterido por D. Antônio de Aragão nos conceitos afetivos da noiva estremecida — Ângela Mariana faltou aos juramentos feitos anteriormente! A família inteira, fascinada pelo formoso nome do cavaleiro da Espanha, favoreceu as novas inclinações da jovem de Casablanca, em prejuízo do primeiro prometido. E D. André de Castanhede e Casablanca, depois de longas súplicas e vãos protestos, depois de tentar defender como insensato seu nobre amor e seus direitos, e após duelos vãos, achou-se batido e corrido como um cão que se enxota à noite, por incomodativo e impertinente com o ladrar demasiado.

Casada D. Mariana com D. Antônio, o barão André desapareceu de Portugal, depois de ter jurado eterno ódio aos dela.

Ninguém lhe conheceu, por longo tempo, o paradeiro. Supusera-se, de início, que se ocultara no fundo de algum convento, para aí chorar o desaponto do seu amor traído, como qualquer mancebo sem dignidade nem valor. Mais tarde, porém, descobriu-se que, em arriscadíssimas viagens, se metera pelo mundo afora, decerto com o intuito de esconder de profanos olhos a própria dor.

Não se casara jamais. Jurara e cumprira fidelidade eterna. Seu amor, seu apaixonado ardor desbaratara-lhe a vida de sentimental, ao se ver atraiçoado. Desprezado, mísero, envergonhado, desapareceu das salas e das antecâmaras reais para nunca mais reaparecer!

Alguns anos depois, voltou a Portugal e, daí em diante, continuou, de vez em quando, a pisar a terra em que nascera.

Sem embargo, jamais visitava os seus ou se mostrava nos salões. E se alguém rompia a solidão de que se cercava, tentando visitá-lo, D. André negava-se a receber. Ângela Mariana fora a única que dele tivera mercês, após os desastres do cavaleiro de Aragão. Ainda assim, jamais a visitou ou consentiu em que fosse por ela visitado. Suas esmolas entregavam-nas os frades beneditinos, que educavam Diogo às expensas dele.

De uma dessas visitas à terra do seu berço, o fidalgo adquirira a fortaleza do Rochedo Negro, cuja pitoresca solidão lhe encantou a alma, já conturbada pelas apreensões da neurastenia. Comprou-a por irrisório preço e para logo a habitou, visto que a reconheceu muito a seu gosto, entre as velhas torres, ricas de supersticiosas lendas.

Operários chegaram. Remodelou-se o que se houvera arruinado sob a ação das intempéries. Replantou-se e aformoseou-se o feiticeiro parque. Decorou-se o interior, sob a vigilância artística do bizarro comprador, cujos conhecimentos da arte arquitetônica surpreendiam os próprios artistas que o reparavam. Caravelas aportaram às praias próximas, a despejarem riquezas que subiam as escadas ziguezagueantes, rumo à fortaleza. Um palácio digno de autênticos monarcas fora montado ali. E falou-se à boca cheia que D. André de Casablanca desposaria uma princesa.

Entretanto, jamais olhos profanos contemplaram as riquezas suspeitadas. O austero castelão era discreto, e se riquezas havia, guardava-as ele nas suas alas suspensas sobre o grande abismo.

À noite, das ogivas góticas da ala direita, onde de preferência habitava o barão quando tornava a Portugal, luzeiros deitavam vida e festa sobre os campos serenos marchetados de boninas. Mas ninguém sabia o que lá dentro entretinha assim a fugidia figura do barão, eternamente circunspecta, no seu cavanhaque agudo, e tão sombria sob o seu casaco negro de veludo. Afirmavam, porém, as línguas malévolas, que, alta noite, quando o silêncio amodorrava os cães, e o sono e a quietação amansavam os arredores, duas figuras negras, dois vultos embuçados em amplos, pesados gibões de lã, com chapéus de largas abas enterrados nas enigmáticas cabeças e pequenas máscaras nos rostos, transpunham, alígeros, a ponte, subiam os golpes de escadaria e, por uma porta escusa, penetravam o interior da fortaleza, guiados e servidos pelo próprio castelão!

Na crendice das beatas e na presunção dos criados do fidalgo, tais vultos não eram senão demônios disfarçados, os quais visitavam o barão, que era herege e nunca se mostrava nas missas, e com ele mantinham pactos por motivos ignorados de toda a gente. Provavam-no as mesmas visitas, que jamais se faziam às claras, senão depois do último toque, para se recolherem antes do alvorecer, após detestáveis colóquios em salas e gabinetes incendiados.

Houve, contudo, murmúrios mais humanos e pouco menos sérios, a respeito das visitas.

Achavam alguns que demônios não seriam, e sim mulheres, os dois vultos embuçados, e que os luzeiros que rebrilhavam pelas janelas góticas iluminariam orgias, e não evocações. Nobres damas, recordadas no momento por maledicências antigas, tiveram seus nomes de boca em boca; e pobres aldeãs, cujos maridos possuíam chapéus e capas semelhantes, saíram da sombra para figurar nas cenas que a respeito do barão se inventavam...

Como sempre, a mentira preparou o rumor; e por causas imaginárias passou o solitário fidalgo a ser odiado pelas cercanias. O certo, porém, era que André Januário não passava de um estudioso que se aplicava a dignos misteres, enquanto sobre si cresciam absurdas lendas. Dado a estudos profundos, devotara-se às altas ciências do Ocultismo, e também cursara, no Oriente, certas escolas que ensinavam Medicina, apaixonando-se, assim, pela Química. Era, em suma, competente médico, farmacêutico e estudante do Ocultismo, possuindo, acima do vulgar, a paixão pelas descobertas. Necessariamente, por isso mesmo, aplicava-se a constantes experiências. O Castelo do Rochedo Negro, erguido na solidão de temerários abismos, fora-lhe propício a tais experiências. D. André de Casablanca era sábio. Habitou o Castelo, cujo isolamento lhe favorecia os intentos.

Não obstante, tais labores não eram dignos de um fidalgo, senão da ralé destituída de bons nomes de avós cruzados; e o barão, que, sendo cientista, se fizera também contrabandista e avaro durante as viagens longas pelo mundo afora, aplicava-se às análises de Química, às evocações de almas defuntas e também ao comércio de contrabando, tudo muito às escondidas — zeloso do bom nome de sua casa.

Corria a fama — talvez graças à indiscrição de algum servo palrador — de que entesourava riquezas em seu alcácer. Diziam, aqui e além, que seus barcos e caravelas, de cada viagem que faziam, descarregavam, noite adentro, pesadas arcas e baús avantajados, pelos quais mostraria o enigmático fidalgo particulares zelos. Todavia, se os sentiam pesadíssimos os marinheiros e serviçais, e se por eles nutria o contrabandista cuidados suspeitos, jamais se descobrira o que comportavam — nem mesmo os atilados demônios seus discípulos!

O tesouro, porém, existia, e era de realidade insofismável!

André Januário, perdida a paixão de amor, cativara-se de outro sentimento, cem vezes mais funesto: a paixão pelo ouro! A princípio viajara para estudo e distração. Mas descobrindo em terras estrangeiras fontes de riquezas inavaliáveis, ambicionou-as, lutou e possuiu-as! Delas não havia mister. Bastante rico já, solteiro, sem diretas responsabilidades com parentes, aos quais aborrecia, sozinho e sem dedicações, visto que havia muito lhe morrera a mãe, por quem nutrira singular afeto, André Januário Francisco desejou mais ouro pelo prazer único de vê-lo rebrilhar em suas arcas! Culto, e avantajando-se, por mais de uma qualidade nobre, ao comum dos homens da sua época, não soubera, no entanto, prevenir-se contra um dos mais graves erros que podem sobrecarregar de sombras ombros e consciências humanas, e se fizera avarento. Amou o ouro como outrora amara Ângela Mariana. Tornara-se seu escravo como noutros tempos escravizado não fora pela mulher amada! Fez que se construíssem, sob indicações suas, esconderijos complicados, verdadeiros enigmas, cujos segredos completos somente ele conhecia — e aí, nesses sepulcros de um engenho demoníaco, sepultou riquezas. Para isso, de longínquas plagas trouxera competentes obreiros, ameaçando-os de morte se, algum dia, revelassem o segredo de que eram cúmplices. Aliás, artista e engenheiro melhor que seus auxiliares, o barão era o único a conhecer a solução completa dos segredos dos seus cofres, não possuindo os executantes senão vagas noções daquilo que faziam.

Com efeito! Aborrecido pelas derrotas sofridas na sua vida de enamorado, o pobre André Luís Januário, ao contrário da maioria dos mancebos, que buscam olvido para iguais desilusões em vida boêmia que lhes avilta caráter e sentimento, tentara esquecer a desventura do amor, que o surpreendera, em vida laboriosa e recolhida. Para estudo e distração viajou, como sabemos. Infelizmente, porém, ele, que fora tão digno de atitudes frente ao malogro de suas esperanças sentimentais, no decorrer dessas viagens deixara-se apaixonar de torpes ambições! Conheceu as Índias, visitou a China e o Japão, habitou o Egito, aportou na Grécia, embrenhou-se pelos matagais de Santa Cruz, tornou à Pérsia e à Palestina, e nesses remotos continentes ia, não só se ilustrando cada vez mais, como, também, enriquecendo fabulosamente! Ouro e diamantes das famosas minas de Santa Cruz; ervas medicinais, inteiramente desconhecidas dos velhos povos europeus; madeiras que, pelo valor, beleza e utilidade, sobrepujariam o próprio ouro; pérolas, esmeraldas, gemas de um esplendor fantástico, maravilhas inimaginadas; utensílios, móveis, objetos de arte, raríssimos, originais, desconhecidos em Portugal; porcelanas, baixelas, tapeçarias, essências raras, preciosidades, tudo que em Santa Cruz, na África, na Grécia, D. André ia descobrindo, trazia às escondidas nos seus possantes barcos, de cada vez que visitava a terra do seu berço, e encerrava na grande ala direita do seu Castelo Negro, após vender o que não desejava conservar. E de cada vez que tornava se repetiam os mesmos fatos — dois demônios, a altas horas da noite o visitavam, e eram cortesmente recebidos pelo castelão, que os honrava a ambos com macabros festejos, coisa que escandalizava a boa e a má gente de cinco léguas em redor. Os dois diabos, amigos íntimos, eram também evocadores e droguistas, e sócios do barão no comércio de contrabando. Visitavam o amigo, tratavam dos seus interessantes casos e também de comércio ilícito.

Todavia, demônio mais sagaz seria o próprio D. André, que aos profanos olhos de seus sócios encobria a melhor porção de suas prendas, reservando-as para seu exclusivo gozo.

Esses dois amigos íntimos eram as mui dignas pessoas do senhor Cura e do senhor Alcaide, ambos dotados de malícia bastante para se não deixarem reconhecer, visitando um homem conhecidamente herege, feiticeiro e contrabandista.

Apesar, porém, das aparências, as reuniões desses três homens traziam uma finalidade nobre. Em verdade, eram avaros. Verdade também que lesavam os direitos da pátria, fugindo aos justos compromissos alfandegários. Mas não menos verdade era ainda que trabalhavam à noite toda em exaustivos e pacientes labores, ora experimentando uma fórmula, ora outra, inventando ou traduzindo de antigas receitas orientais para o vernáculo que tudo esclarecia. Entusiasmavam-se, agitavam-se, corriam dali para aqui, de mesa a mesa, de armário a armário, de baú em baú... Destampavam frascos, acendiam fornos, diluíam matérias, esbraseavam metais, cozinhavam ervas, preparavam alambiques, batiam pilões, filtravam essências em complicadas retortas... sempre afanosos, apaixonados, ligeiros... não fosse a alvorada barrar de claridades a solidão dos montes sem os deixar concluir os afazeres, desmascarando-os no cuidarem de coisas mui pouco decentes para qualquer dos três...

O senhor Cura, discípulo do fidalgo, era estudioso e meio médico na região. André ensinava-lhe seus unguentos e tisanas, seus filtros e infusões, e o Cura aplicava-os sempre que o exigiam as circunstâncias, não se esquecendo de acrescentar, de cada vez que os empregava, que um anjo bom fora o autor de tais receitas, ensinando-as em sonhos...

O barão trazia seus laboratórios montados em salas espaçosas da ala direita, a qual preferira para acumular riquezas e estudar. Ali tranquilos dias passava, quando tornava a Portugal.

De longe, à noite, os camponeses, que já conheciam as odiosas tradições do alcácer, vendo saltarem das ogivas os reflexos incandescentes dos fogos acesos nos laboratórios, e o fulgor de rápidas explosões durante as experiências que tentavam, enquanto vultos humanos iam e vinham apressadamente, esbraseados, irreconhecíveis, ficavam transidos de horror, e vociferavam contra Casablanca, acoimando-o de monstro, assassino, demônio, feiticeiro e sedutor. Odiavam-no. Culpavam-no de egoísta e rude. Em torno do solitário fidalgo teceu-se sinistra corrente de hostilidades e antipatias. Diante da hedionda habitação, ninguém passava sem empunhar grandes cruzes ou sem persignar-se repetidas vezes. Por seu lado, o fidalgo jamais cumprimentava os viandantes ao cruzar com eles nos matinais passeios pelos campos, atrás de ervinhas e flores medicinais. E ao observarem que se abaixava aqui e acolá, para colher as suas plantas, dele diziam que, de ervas venenosas, compunha filtros mágicos para encantamentos e feitiços.

No entanto, D. André não lhes concedia qualquer atenção. Distraído, circunspecto, orgulhoso e neurastênico, furtava-se a relações e repelia gentilezas, se porventura as recebia.

Jamais se soubera que de alguma de suas riquezas se desfizera a fim de praticar alguma caridade. Não lhe importava o mundo com suas adversidades e misérias. Não lhe fazia conta a pessoa do próximo. Vivia prisioneiro de si mesmo, submerso na amargura das desilusões, talvez muito desgraçado, mas incontestavelmente dominado por um egoísmo inominável!

As viagens, porém, cansaram-no. Cioso de seus tesouros, já não desfrutava serenidade nos mares nem prazeres no estrangeiro. Um medo obsidente de que os descobrissem e roubassem transtornou-lhe a mente, sugerindo-lhe contínuos sobressaltos e apreensões. Para montar-lhes guarda, abandonou viagens e habitou definitivamente as velhas torres do abismo. Ali, em contato com os bens adquiridos, regalava-se em dias e horas de inefáveis venturas. A vida, assim, desfrutada no convívio das riquezas acumuladas, era-lhe gozo celeste! Tornara-se insociável como jamais o fora, só possuindo alma, vida e pensamento para amar usurariamente os próprios cabedais. O excessivo apego às riquezas e a neurastenia depressora haviam feito dele uma fera enclausurada.

Alguns parentes mais afoitos tentaram aproximar-se dele, calculando tirar do seu convívio vantagens financeiras. Repeliu-os a todos, fiel ao antigo rancor, não lhes concedendo sequer as atenções do polimento.

Selvagem no seu reduto sinistro, dedicara-se, então, com maior afã, aos estudos da sua predileção, aumentando com isso a triste reputação de feiticeiro que em torno de si avultara. Das ogivas góticas, então, ininterruptos fogos fulgriam esbraseando ao longe os louros trigais, com seus resplendores vermelhos.

Os dois diabos, seus discípulos — o senhor Cura e o seu amigo, o senhor Alcaide —, amiudaram as visitas noturnas e lá mais se demoravam do que dantes. O senhor Cura, em resultado, nas funções de médico que exercia em horas vagas, podia apresentar novas tisanas, novas purgas e unguentos novíssimos, frutos dos seus encantadores sonhos com os arcanjos da celestial corte...

Achavam-se nesse pé os acontecimentos, quando, um belo dia, o barão se sentiu enfermo, aflito, e conheceu que seu mal era incurável. A ideia de que ia morrer alarmou-o. Valeu-se de quantas drogas inventara e reconheceu-as vãs. Irou-se e destruiu grande número de alambiques e frascos de infusões, que o seu egoísmo não deixara mostrar à Cura. Deste, porém, se valeu, como de supremo amparo, e pediu-lhe plenas absolvições de quantos pecados cometera. As visitas, agora, já se faziam às claras e com espalhafato. Tratava-se de regenerar a alma de um moribundo caído em pecado mortal e elevá-la a Deus, para honra e maior glória da Santa Madre Igreja. Tantos pecados ouvia do barão, quantos perdoava, o bom Cura! Para tal caso, absolutamente, não existiam dificuldades. Para isso era ele legítimo representante do bom Deus, ungido, consagrado e tonsurado... com poderes plenos para ligar e religar o que no Céu seria ligado e religado... não obstante, um 'poucochito' feiticeiro e contrabandista, tal como o mesmo senhor barão... Não, dificuldades não havia, uma vez que o moribundo se penitenciava. E tanto favoreceu Cura ao barão nos seus desencargos de consciência, que o orgulhoso D. André Luís acreditou poder tomar o Céu também por contrabando e leve se sentiu para galgar de uma única arrancada o paraíso, muito embora houvesse atravessado a vida com desonras de herege...

Isso durou meses. De cada vez que se confessava, no entanto, o moribundo fidalgo esquecia-se de avisar o seu dileto guia de que enterrara um tesouro nas muralhas do Castelo, apesar de o digníssimo prelado auxiliá-lo em severos exames de consciência. Não queria que o penitente olvidasse nada, por insignificante que fosse, algum desvio, qualquer 'segredito' que, porventura, mais tarde viesse afligir-lhe a consciência imortal! Mas tudo em vão. Do tesouro, de cuja existência tão ansiosamente suspeitava o zeloso sacerdote, jamais se lembrava o desmemoriado barão!

Progredia, sem embargo, o mal. Era a gota. Os ataques sucediam-se. As forças escapavam-se. Definhava a olhos vistos o senhor D. André de Casablanca.

Vendo-se a morrer, o barão resignou-se. Pensou em seus bens e em seus parentes, que o detestavam. Pesou-lhe favorecê-los com a própria morte, a eles, que induzindo outrora Mariana a atraiçoá-lo, lhe haviam despedaçado o coração! Pesou-lhe que suas longas fadigas, seus labores exaustivos fizessem, com sua morte, o regalo de tão indignos herdeiros. Resolução temível então lhe incendiou o pensamento. Vingar-se-ia, agora, dos ultrajes sofridos pelas predileções a D. Antônio de Aragão. Levaria para o túmulo o segredo dos seus bens para que, até que os encontrassem eles, penosas fadigas igualmente padecessem. Todavia, um último bruxuleio do seu amor por Mariana comoveu-o à hora extrema. Fora ela o seu primeiro e derradeiro amor. Dera-lhe a conhecer as únicas horas de reais felicidades que atingiram sua alma. Se a mãos profanas, um dia, passassem os tesouros que deixaria ocultos, que fossem essas mãos aquelas únicas que seus lábios haviam osculado nos fugidios dias afagados de esperança! Oh! mas dela mesma, da perjura, da infiel, vingar-se-ia ele!

Chamara escrivães e senhores da pena e lavrara seu testamento no mais absoluto sigilo. Em seguida a algumas modificações, fez que se selassem e repregassem com traves de ferro as portas de todas as dependências que da ala esquerda se comunicassem com a grande galeria que a separava da direita, pois não nos esqueçamos de que o nobre solar era dividido em duas partes distintas.

Feito o que, passou a habitar exclusivamente a dependência da esquerda, não mais visitando a outra, onde acabara de, para sempre, sepultar suas imensas riquezas.

E seus últimos dias se extinguiram assim, tristemente, acompanhados de saudades, rancores e egoísmos... muito apesar de seu amigo e discípulo, o senhor Cura, o qual, bem como o outro amigo e discípulo, o senhor Alcaide, lhe fecharem os olhos, encomendando-o diretamente ao Céu...

E o túmulo se fechou com o segredo das riquezas sacrílegas...

5

A HERANÇA

Os fornos do Castelo Negro haviam-se apagado. Luzernas não mais rebrilharam através das ogivas rendilhadas, demônios não mais galgaram escadarias para macabros colóquios e sabás.

No entanto, alguns dias depois da morte do austero fidalgo, a ala esquerda do nobre alcácer movimentou-se e palpitou, como se os antigos duendes para aquele lado houvessem agora voltado as atividades que lhes eram próprias. Tais demônios, porém, galgaram a formosa escadaria ziguezagueante, ensombrada de acácias e olmeiros, à plena luz meridiana, sem receio de que os reconhecessem os surpresos aldeões das cercanias.

Era a parentela do falecido fidalgo, que, participada da sua morte, chegava, a fim de lhe chorar saudades em suntuosas exéquias, esquecida já — generosa que era! — que o defunto fora herege, contrabandista, odiento e odiado!

Os escrivães, fiéis ao seu espinhoso mandato, haviam participado aos primos e sobrinhos do seu cliente que conviria uma reunião comum para leitura do testamento, como honradamente entenderam, a fim de se livrarem de suspeitas e responsabilidades, pois que bem sabiam eles que produziria escândalo a estranha vontade do finado barão.

Fora o próprio castelo o local escolhido para tão magna cerimônia.

Para ali, pois, acorreram, sem mais tardança, primos, sobrinhos, cunhados, padrinhos dos primos, afilhados, primos das avós, genros dos tios, concunhados de alguns parentes de tios já falecidos e até simples amigos que se consideraram, à última hora, parentes.

No pátio, lajeado e limpo, com a ordem que presidia a tudo na habitação, aglomeravam-se carruagens, viaturas, mulas de viagens, chocalhando estridentes guizos, agora envoltos em laços de crepe. Em poucos dias, a pretexto de missas e sentimentos, acorreram todos. Havia lágrimas. Pesados crepes envolviam o colo das altivas damas e os gibões dos grão-senhores. Mas, a pensar no barão defunto decerto nenhum havia, que o que a todos interessava era só o testamento, apenas o esperançado testamento, que lhes iria desvendar, enfim — quem sabe se favoravelmente! —, o enigma de um tesouro que a todos fascinava!

A senhora dona Ângela Mariana Magnólia Francisca de Castanhede e Casablanca d'Alvarada e Aragão achava-se entre os parentes, como prima legítima que era, toda envolvida em longos e sentimentais crepes.

Reuniram-se os herdeiros no vasto salão de honra, a que retratos de nobres damas de olhos orgulhosos e senhores de aristocráticos cavanhaques presidiam, salão que, como a biblioteca, fazia a maior riqueza dessa ala esquerda.

Era o sensacional dia, a hora, a grande hora da leitura do famoso testamento!

Calafrios corriam pelo dorso dos mais nervosos e endividados, martirizando-os na alternativa das comoções. Algumas senhoras choravam a ausência do extremado morto. De quando em quando, Ângela Mariana, romântica e pensativa, lembrando-se de que fora amada pelo defunto primo, enxugava uma lágrima no canto dos olhos, com a beira do seu lenço tarjado. Diogo, cético em tal meio, franco, legítimo herdeiro da galhardia espanhola, era o único que não fingia sentimentos. Mantinha-se indiferente e dignamente desinteressado, demasiadamente incrédulo e altivo para aceitar a possibilidade de ser herdeiro de um homem que, sem embargo de haver custeado a sua educação, não o conhecera. Limitava-se a namoricar Aurora, que não longe lhe sorria, ao fingir que deplorava o morto.

Finalmente, ia iniciar-se a leitura.

O escrivão e mais o seu rebanho, composto de um ledor e duas testemunhas — os mui austeros e dignos senhores Cura e Alcaide — preparavam-se para desobrigar os ombros do ingrato mister.

Uma rica mesa esculpida em mongol, posta em majestosos lutos, dava maior solenidade à cerimônia. Dir-se-ia uma essa. Comovia. Sobre ela papéis escrevinhados:recibos, talões, cadernos, relações, documentos mais ou menos importantes, que o escrivão entendera dever apresentar. E ao centro, bem ao centro da mesa, volumoso e branco — ídolo de levitas canalhas —, um rolo de papel, legítimo pergaminho egípcio, comprido, lacrado, muito bem lacrado e fechado com sinetes, deixando pender de uma extremidade pontas de fita azul-celeste e violeta — as cores do senhor de Casablanca, e mais uma medalha de ouro com um brasão.

Era o testamento!

E, empertigado e magistral, o homem do momento, que sustinha nos lábios a condenação ou a glória dos aflitos circunstantes — o escrivão —, dirigiu-se à assistência para dar começo à sua incumbência.

Ninguém lhe ouviu o exórdio: a assistência o que queria era o testamento, oh! o testamento!...

Redobraram, não obstante, soluços. Lenços se agitaram descaradamente, uns aos outros mostrando que enxugavam lágrimas, que uns e outros sabiam inexistentes. E de súbito, em meio da comoção geral, a voz do ledor provinciano, voz de gasnete, irritante, cômica, deslavada — sinistra, hedionda! — feriu como um raio a ambição dos circunstantes: fora aberto o lendário testamento e nele se via disposto apenas isto, incrivelmente isto:

"Eu, André Luís Januário Francisco de Castanhede e Casablanca, em meu perfeito juízo, sem constrangimentos nem coação por parte de quem quer que seja, e por minha livre e espontânea vontade, lavro o seguinte termo, e declaro:

a – que, ao contrário do que a meu respeito se julgava, não sou rico;

b – que minha fortuna foi despendida em viagens, aventuras e estudos;

c – que possuo apenas este meu Castelo do Rochedo Negro *com o que dentro dele se encontra*;

d – que o rendimento que possuía provinha de duas quintas que acabo de vender, e com a soma apurada solvi algumas dívidas;

e – e que lego este meu Castelo do Rochedo Negro, *assim como tudo o que dentro dele se encontrar*, à minha muito estremecida prima D. Ângela Mariana Magnólia Francisca de Castanhede e Casablanca d'Alvarada e Aragão, com a qual estive para me casar noutros tempos;

f – mas que faço este legado sob condição formal de juramento dela, diante do Sacrário da Hóstia Consagrada, de obedecer às minhas últimas vontades, as quais são:

— respeitar para todo sempre, sem jamais nela penetrar, a ala direita do meu Castelo, na qual vivi e pratiquei meus estudos e experiências de Magia, Feitiçaria e Ocultismo; sob pena de vinganças depois de morto, pois não desejo esta ala profanada.

E à fé de Deus, que eu reconheço, respeito e venero, juro que fui eu que isto imaginou, escreveu e assinou."

A baronesa, colhida de surpresa, aturdiu-se no primeiro instante. Conteve-se, porém, rapidamente, tal a etiqueta que em sociedade sabia observar. Limitou-se a enxugar uma lágrima mais romântica que sincera pelo fidalgo morto, que nunca a esquecera.

À frente do Sacrário, no pequeno templo da aldeia, Mariana jurou respeitar as vontades do defunto e naquela mesma tarde foi solenemente reconhecida herdeira do Castelo Negro e de *tudo quanto dentro dele se encontrasse...*

— Boa lembrança, a tal do senhor D. André — exclamou Diogo de mau humor, subindo com a mãe para a viatura que os levaria ao albergue onde se haviam hospedado.

"Boa lembrança! Um 'castelaço' mal-afamado, sinistro, com alas interditas, a desafiar curiosidades — e de cofres vazios!..."

— Pobre André! Não era rico!... O pouco de que dispunha legou a mim!... Quão mal o amei eu!... — respondeu ao filho, em tom sentimental, a senhora Ângela Mariana Magnólia...

6

UMA ALMA EM AFLIÇÕES

Um ano depois dos antecedentes acontecimentos, D. Mariana vira-se na contingência penosa de abandonar suas pequenas terras do Algarve e passar-se para a residência do Castelo, herdado de seu antigo prometido. Fizera-o, porém, por necessidades extremas, que não por predileções pela velha habitação.

Suas terras malcuidadas, mal dirigidas por Diogo, que seria bom doutor, mas nunca fazendeiro competente, davam-lhe prejuízos alarmantes, impossibilitando-a de desenvolver negócios e levando-a, frequentemente, a críticas situações, às quais nem mesmo certas privações faltavam.

O Castelo Negro não trouxera terras que permitissem desenvolver lavoura. Seria por isso inarrendável. Quisera vendê-lo. Conhecidas suas odiosas tradições, ninguém o quisera comprar. Então, vencendo escrúpulos e repugnâncias, e após noites insones em que meditara a respeito do problema, resolvera que habitaria o alcácer.

Margarida opusera-se. O Castelo Negro, residência maldita de um feiticeiro — povoado por demônios que acendiam fogos no seu interior, sem jamais queimá-lo —, não era local onde se abrigassem criaturas batizadas e tementes a Deus. Diogo protestara, chamando tola à velha ama, que acreditava nas frioleiras da plebe despeitada. Mariana teimara, declarando que maldita fora tão somente a ala direita, e nunca a esquerda; e que o defunto D. André apenas proibira devassar aquela. Ademais, poder-se-ia ali chamar o santo padre Cura, a fim de exorcismar e arrancar, a surras d'água benta, qualquer mau duende que porventura lá se conservasse.

Houve discussões. Preferível seria viver-se em dificuldades do que se meterem voluntariamente, todos, nas garras dos demônios — era a opinião de Margarida. Mariana reiniciou o rosário de explicações. A criada recalcitrou. A ama exaltou-se. Margarida caiu em prantos abundantes. A baronesa confortou-a, e um mês depois instalaram-se na grande ala esquerda que lhes oferecera o mais desvanecedor conforto a que fora possível aspirar.

Uma vez ali, começaram a viver tão bem quanto lhes permitiam a falta de recursos e as tradições sinistras do Castelo.

Margarida não cessara de protestar, e Mariana pacientemente não se cansava de lhe expor as razões prementes que a levaram a aceitar a morada. Diogo, sem discutir, e sereno como sempre, apoderara-se, encantado, da biblioteca, e lá vivia dias e noites seguidos, absorto sobre os volumes, os quais folheava com ardor apaixonado...

A despeito do sacrifício de D. Mariana, continuaram, porém, as penúrias e dificuldades. Para atender a necessidades, não raro vendia móveis e objetos de arte que lhe ficaram com a herança de André. Às vezes, no entanto, acontecia não encontrar para eles comprador, e suas aflições tocavam então ao auge.

No primeiro semestre fora pontual o fidalgote arrendatário da Quinta do Algarve. Mas, já ao segundo, se esquivara, queixando-se de que eram más as terras e de que parca havia sido a colheita. Cartas lamuriosas levava-lhe Ricardo, escritas pela baronesa, convidando-o a amortizar as dívidas, que se iam acumulando. Respostas não menos desgostosas trazia-as de retorno o velho servo, acompanhadas de minúsculas parcelas, que se esgotavam com facilidade.

Mariana vivia devorada, assim, por desgostos amaríssimos.

Prisioneira e sedentária em sua vetusta residência, dir-se-ia o desiludido que apenas se mantém na vida pelo favor de recordações de um tempo grato, que célere passou. A bronquite agravada fazia-a definhar. Com a intensidade dos dissabores constantes, chegou a neurastenia, e o mau gênio dominou-a. E da formosa e doce Mariana, que apaixonara D. Antônio e desventurara o barão de Casablanca, restava, somente, um coração despedaçado pelos infortúnios!

Essa era a situação dos senhores do Castelo Negro, um ano depois de o habitarem, quando um fato sobrenatural veio sacudir-lhes os sentidos, sob o malhar de violentas impressões, arrancando-os à modorra inquebrantável da rotina...

Uma tarde, cálida e serena, D. Diogo e sua mãe faziam o habitual serão, enquanto esperavam pela hora do jantar. Suave e doce palestra era a que os entretinha. Diogo, delicado e respeitoso filho, portava-se com encantadora ternura junto da boa mãe, em quem tanto admirava os dotes de virtudes como a dignidade no infortúnio. Mariana fiava à sua roca e Diogo ora lhe falava com agradável fraseado, ora lia-lhe velhos textos que narravam feitos heroicos de valorosos cruzados. Achavam-se num pequeno gabinete, com janelas para o parque. Dos tabuleiros de plantas, lá em baixo, penetrantes perfumes subiam, cruzando ares com a delicada essência das acácias que, floridas, baloiçavam seus cachos amarelos aos caprichos dos favônios marítimos. Pelos campos, calma absoluta. No mar, queixumes vogavam ao sabor das ondas, para morrerem ao sopé das penedias. Sentiam-se unções misteriosas pelo ambiente e dir-se-ia que os anjos flutuavam pela atmosfera, entoando suaves melodias, as quais se iam perder nos refolhos da alma de cada um...

De súbito, gritos alarmantes, partidos do interior de outras dependências, sacudiram a placidez que aveludava a alma dos dois fidalgos, chocando-a com violento sobressalto; e, sem que ambos tivessem tido tempo sequer de se entreolharem, os reposteiros se agitaram e Margarida, como louca, olhos fora das órbitas, mais pálida que um espectro, e a tremer, qual franzina vara de junco, irrompe como um meteoro no aposento e cai desfalecida aos pés da castelã.

Diogo, atônito, corre a auxiliar a velha ama, ampara-a, levanta-a, sacode-a e fá-la sentar-se numa poltrona, no que é secundado pela mãe. Desesperada e aflita, enquanto auxilia o filho, a baronesa exorta-a a que se explique:

— Pois o que tens tu, mulherzinha de Deus?! Enlouqueceste, porventura?... Que te sucedeu?... Como se explica uma tal coisa?... Por Deus, responde à tua ama, minha boa Margarida, ou julgarei que vou enlouquecer também!...

— Oh! — fez em tom vacilante a ingênua criatura. — Os demônios, senhora baronesa! Os demônios aqui estão!... Valei-me, ó Senhora das Sagradas Harmonias!...

— Que demônios, Margarida! — interveio Diogo, com sua bonomia habitual. — Não vês que são crendices de campônios e que não há cá demônio algum?!...

Porém, a pobre serva não se convencia das afirmativas do fidalgo e continuava transida de pavor:

— Mas eu os vi, senhor D. Diogo! Eu os vi com estes meus próprios olhos! Era o senhor D. André! era ele mesmo, exatamente ele!... e mostrava-se agitado... queria falar-me!... seduzir-me!... arrastar-me para as trevas dos infernos!... Senhora das Sacrossantas Harmonias, oh! valei-me pelas vossas sete dores!

— Mas Margarida — tornou com voz embargada, mau grado o desejo de mostrar energia, a senhora Mariana —, afinal, explicas-te ou não te explicas?... Que queres dizer com tudo isso?...

— Ó minha boa senhora baronesa, partamos daqui, esta casa está maldita!...

Pouco a pouco a pobre mulher acalmou-se. A energia e a desenvoltura de D. Diogo, ouvindo-lhe a narrativa, sem parecer impressionar-se, revigoraram-na. Por sua vez, as atenções de sua ama, D. Mariana, consolando-a do dissabor, deram-lhe alentos para, daí a alguns minutos, narrar-lhes o acontecido.

Fora, sem bem saber o que fazia, internando-se pelas salas e pelos gabinetes que deitavam para a sinistra galeria. Como era de seu dever, vinha fazendo o polimento do mobiliário daquelas dependências, ora sacudindo aqui uma camada de pó, ora polindo acolá um candelabro, ou luzindo um espelho. Assim, fora até as salas das proximidades interditas, quando, de súbito, tropelos apressados, porém, abafados como que por tapetes, mas bem reais, fizeram-na voltar-se, atônita, para saber por quem era acompanhada. Voltou-se e viu então, estuporada de horror, o senhor D. André Januário "em pessoa", aflitíssimo, o qual por ela passou, roçando-a, como que chamando para ajudá-lo a despregar as chapas de metal que ele próprio mandara colocar, antes de morrer, nas portas divisionárias! Aquilo fora rápido. Retomando império e ação sobre si mesma, pudera, enfim, gritar e correr, pondo certamente em fuga a alma danada que a quisera perverter, atraindo-a à sua sinistra morada!

Mariana ficara violentamente impressionada e a enxaqueca abateu-a. Diogo tornara-se pensativo. O pavor começara a rondar as três ingênuas almas de Mariana, Margarida e Ricardo. Só Diogo dele não se contaminava. Apenas passava mais horas na sua biblioteca, a se aprofundar em esquisitos estudos de magos e faquires do Oriente, examinando volumes e pergaminhos que herdara, juntamente com o Castelo, do mesmo senhor André.

Dias depois, o fato se repetia com a própria Margarida.

Mais alguns dias, e de novo o defunto castelão mostrou-se, mas desta vez fora Ricardo o escolhido para sofrer terrível aparição. O acontecimento, no entanto, fazia-se sentir, de preferência, nas proximidades das divisas das duas alas. Evidente era, portanto, que a perdida alma do barão continuava habitando a sua antiga dependência e que, chefiando bandos de demônios, exatamente como o fizera em vida, descia as escadarias e vinha seduzir almas pacíficas, atraindo-as para a sua ala, a fim de devorá-las na consumição dos fogos de seus antigos fornos.

Missas foram rezadas em improvisadas capelas, no recinto do próprio alcácer. O barão, pelos modos, fora realmente herege, e jamais fizera construir altares e oratórios na famosa habitação. Mariana despendeu recursos, que lhe permitiriam enfrentar as necessidades de um longo mês, e montou uma capela, que nada ficou a desejar. O Cura veio — venerável e piedoso — e sagrou-a com unção. Convidou-se a redondeza a assistir aos ofícios, num requinte de humildade cristã. A redondeza veio, porque era composta de simplórios aldeões, que muito se honravam com amabilidades de fidalgos. Rezaram-se grandes e pequenas missas pela alma perdida do senhor D. André de Casablanca. Novenas eram tiradas à noite, em devoção às cativas almas do Castelo, pela própria baronesa, prostrada de joelhos, que tinha a secundá-la Ricardo, como sacristão. Bacias d'água-benta espalharam-se aos borrifos por todos os recantos da sinistra fortaleza, exortando-se, de passagem, a alma de D. André a abandonar seu antigo domicílio, para recolher-se aos lugares que lhe fossem próprios, arrastando, porém, consigo, todo o rebanho de duendes que porventura ele ali prendesse. Nunca se vira tanta fé e tão grandes devoções em terras de Portugal! Mariana, Margarida e Ricardo passavam dias e noites em jejuns e orações. Já se não vivia: rezava-se a vida!

Só Diogo se alheava. Não rezava, estudava! Assistira, sim, às missas, mas ninguém o surpreendera a suplicar os peitos com os "mea-culpa" nem a seguir as procissões, borrifando salas e corredores com águas abendiçoadas pelo venerável Cura.

A peso de tais recursos, D. André, o morto, parecera intimidado, e durante cerca de um mês não se mostrara a nenhum dos seus desvelados protetores. Fosse porque ninguém se atrevera a espioná-lo em sua banda; fosse por se haver envergonhado de o terem metido a ridículo com tantas palhaçadas — ele, sempre circunspecto e avesso a espalhafatos —; fosse porque as missas tivessem, com efeito, o sensacional poder de o reterem preso às galerias do Invisível — o certo é que durante um bom mês se pôde viver em paz naquele esplêndido Castelo do Rochedo Negro. Respirou-se! Com êxito semelhante redobraram sentimentos de fé. Velas e grandes tochas foram acesas sobre altares, em ações de graça. Já se não rezava, então, como dantes, porque convictos se achavam todos de que não mais seriam incomodados. Já se caminhava sem olhadelas furtivas para trás, e com passos mais firmes. Já se não persignavam a cada respirar. Já não convidavam às missas simplórios aldeões, despidos todos já dos requintes de humildade cristã...

Tudo em paz...

Um mês correra cavalgando as horas nos bonitos pêndulos que aqui e ali se avistavam nas prateleiras e estufas — primores de Arte que pertenceram ao pobre D. André de Casablanca...

O que, porém, a D. Mariana d'Alvarada e Aragão seria impossível suspeitar, malgrado rezas, missas e jejuns, eram as intenções do falecido namorado. O que, outrossim, certo ministro sagrado e inspirado por uma igreja ainda mais sagrada e inspirada não era capaz de perceber, não obstante suas extraordinárias qualidades, é que o mencionado defunto se agastara com as pantomimas e se escondera contrariado, em seus aposentos, a fim de acalmar-se e meditar novos e mais eficientes ataques. D. André, douto e herege, tornara-se também matreiro depois de morto. Se ainda fosse homem e vivesse na Terra como os outros homens, responderia a ponta de espada ao desacato. Mas, agora, era apenas fantasma, e nada mais, razão por que urgia meditar profundamente na melhor maneira de agir, a fim de obter algum êxito.

Meditou.

Deixou-os supor que haviam obtido vitória. Concedeu-lhes tréguas a fim de se refazerem dos abalos nervosos, na beatífica suposição de que anjos serviçais o houvessem aprisionado nas penitenciárias do Outro Mundo, e isto no louvável intuito de agradarem à dona Mariana e ao senhor Cura.

As pieguices de sacristia levadas a efeito em sua casa tinham-no convencido da necessidade de represálias à altura da zombaria. O avarento barão precisava de que o ouvissem e ajudassem, e aquela gente pretendia enxotá-lo de sua própria casa. Suplicava, aflito e gemebundo, que o socorressem, e eles o ofendiam, prometendo aos santos dádivas em ouro, em prata, em linhos e rendas e até em cera, para que ele, André Luís Januário Francisco de Castanhede e Casablanca, neto de barões cruzados, fosse autuado pelas milícias celestes, detido em purgatórios, como sucedia às almas dos desordeiros das estradas.

D. André, teimoso, tinha o diabólico defeito de não acreditar em missas, e por isso não se comovia. Fora sempre assim. A morte não o corrigira. É bem verdade que, à hora extrema, vacilante, pávido, acovardado, confessara-se ao Cura, para maior garantia, unção e absolvição. Mesmo porque o digno ministro da santa Igreja afirmara que seu lugar nos palácios do Céu estava garantido, visto as espórtulas vultosas que deixara para a celebração das respectivas missas — espécie de balão que transportava as almas defuntas às edênicas paragens. Ora muito bem! Todavia, o ilustre neto de barões cruzados, que, se não acreditara em missas, também não levara muito a sério os altos estudos que fizera, nas Índias, com os faquires, e, no Egito, com sábios e magos sobre Ciências secretas, em vez das edênicas promessas do amigo padre, o que encontrava, portas adentro do túmulo, era o inferno da própria consciência em erupções convulsas, trazendo-lhe em revista a vergonhosa exposição dos múltiplos defeitos do seu caráter, dos erros e paixões daí derivados. Por tudo isso, e muitas coisas mais, não só desconsiderava missas como não aceitava as inspirações do bom Cura, cujo grau de virtudes conhecia muito intimamente.

Assim preparado, portanto, com mais uns graus de neurastenia e azedume, voltou à arena, disposto a violências, a fim de ser compreendido.

Um belo dia, inteiramente à vontade, a senhora D. Ângela Mariana lembrou-se de escolher qualquer coisa para pô-la à venda. Despendera o que não pudera com a montagem da capela. Encontrava-se em dificuldades. Escolheu, por isso, ricas peças renascença italiana, de que certo vizinho agradara, e pôs-se a examiná-las, assistida por sua velha criada Margarida. Havia pó entre os florões e torneados. As duas mulheres, em grande atividade, puseram-se a poli-los.

Pobre Mariana! Tão boa! Tão formosa! Tão nobre! Portadora de nomes dos mais ilustres da Península! E humildemente a lidar como a mais vil das servas!... Brunindo móveis, magoando as mãos, ajoelhada no duro chão, o suor a lhe descer da fronte sobre o rosto, como se fossem lágrimas!... Já sem dignidades, sem luxos, sem etiquetas!...

Era de fazer chorar!

Decerto, apreciações idênticas fizera a apaixonada alma do nobre de Casablanca, possuída de ardentes comoções, porque, em momento dado, eis que Mariana e sua serva ouvem caminhar no gabinete contíguo. Ambas, num movimento único e espontâneo, voltam-se para a porta, esperando ver Diogo surgir para ajudá-las em tão rude tarefa. Mas, naquele instante mesmo, já ao pé de ambas se achava o fantasma austero de D. André; já se curvara, como um raio, sobre Mariana, arrancara-lhe das mãos a lã com que brunia o móvel, atirara-a para um canto e lhe dissera — sim! ele falara e ambas reconheceram a voz grave, rouca, de outros tempos:

— Mariana! Sofro! Ouve-me, por Deus! Preciso falar-te!

Fora aquilo célere como a faixa que deslumbra o espaço. E, como a faixa, tal ação por parte do extinto barão tivera a poderosa força de alucinar as duas pobres criaturas. Mariana desmaiara nos braços trêmulos de sua antiga governanta. E esta, passado o primeiro estupor, pusera-se a bradar por socorro, como se hordas de caudilhos assassinos a chicoteassem, impelindo-a para corredores de abismos eternos.

No entanto, fora em vão. Naquele labirinto de salões e galerias sua voz sumia-se como o eco nas quebradas dos montes. Ninguém a ouviu. Margarida, vendo-se insocorrida, reanimou-se com presteza e arrastou, conforme pôde, para sítios mais seguros, o fardo precioso de sua ama, que continuava sem sentidos.

Resolvido ficou, já no dia imediato, que se abandonaria o Castelo Negro. Tão rebelde indivíduo fora André Luís Januário de Casablanca, que nem santas missas, santas águas e santas procissões o convertiam! Já se não implorava a Deus em vistosas rezas pela desgraçada alma. Excomungavam-na. Repudiavam-na. Execravam-na!

Diogo protestara, contrariando a ideia da mudança. Aquele Castelo Negro, com seu cortejo de lendas e mistérios, apaixonava-lhe a mente. Sentia-se bem, ouvindo os seus falarem das aparições do extinto primo. Quisera vê-lo. No recesso da alma suplicava-lhe que se mostrasse a ele, Diogo, e lhe falasse. Mas D. André, esquisitão até depois de morto, desprezava-lhe os desejos para se mostrar a quem o não queria ver nem ouvir.

Nas telas do Infinito

Os sucessos de além-tumba se multiplicavam, porém, ininterruptamente. À noite, justamente depois que seus aristocráticos herdeiros se recolhiam, e o silêncio predispunha o ambiente, enchendo-o de mistérios e pavores, o antigo senhor dispunha-se a diverti-los com suas singulares gentilezas de fantasma.

Do leito, ouviam seus passos ligeiros, como lhe fora natural, em vida; ia e vinha, repetidamente, pelos corredores e salas; e a chamá-los, a todos, pelos nomes, com aquela voz, sempre a mesma, que muito bem lhe conheciam! Ouviam-no tossir. A morte, pelos modos, não lhe livrara o peito da bronquite que, segundo constava, adquirira durante as travessias do oceano. D. André, esmerando-se, chegava à porta do aposento daquela que perjurara o seu amor, e batia vigorosamente, repetidas vezes, com os nós dos dedos, exatamente como se, saudoso, desejasse penetrar no recinto para fazer-lhe uma visita. Muitas vezes a baronesa, transida de pavor, sufocada sob os lençóis pesados, à falta de mais eficiente proteção, ouvia-o dizer — agora, porém, a sós com ela, docemente, como em súplicas de amor, à beira de sua própria cama:

— Mariana, ouve-me, por Deus! Nada receies... não te farei nenhum mal... Sou eu, teu pobre e infeliz André, a quem desgraçaste com tua ingratidão!... Amo-te, ainda e sempre, não me repilas tanto... Ouve-me! Desligo-te do juramento terrível... Vem, vem à minha residência... Chama serralheiros... Chama peritos em construção e descobertas de cofres de segredo... Sou rico, muito rico...

Não acabava, porém, de falar: o murmúrio de suas falas perdia-se nos recôncavos da alma da senhora D'Alvarada e Aragão, que desmaiava de terror.

Sentindo-se incompreendido, como sempre, o alucinado fantasma procurava então Margarida, procurava Ricardo, para os mesmos fins... E quando a alva rompia, aloirando as roseiras bravas da campina ou soprando docemente as águas do oceano, qual amante delicada a brincar com o seu amado, encontrava os três insones: olhos pisados, frontes abatidas, corações desesperançados. D. André de Casablanca supliciara-os a noite toda com suas extravagâncias de demônio...

— É como vos digo, minha senhora baronesa — advertia Margarida, a quem as continuadas aparições já iam tornando menos apavorada, ou mais familiarizada, enquanto aplicava bálsamos na fronte da ama prostrada no leito pela enxaqueca, que se seguia a tais cenas —, é como vos digo, sem que falte ao respeito devido a esta nobre casa dos Castanhede e Casablanca, que há quarenta anos sirvo — o senhor vosso querido primo perdeu a sua pobre alminha... Também, senhora minha, era de se prever tal desgraça... Aquele não era de Deus: não assistia a missas... acendia grandes fogos nas salas do castelo sem queimá-lo... recebia, a altas da noite, demônios embuçados... fabricava, por artes mágicas, licores encantados... Enfim, perfeito herege, tão herege e demoníaco que chegou a ludibriar o próprio Santo Ofício, pois escapou, como vimos, à fogueira!

— Ai, Margarida, por Deus, não me fales em tão fúnebres assuntos, que acabarei por enlouquecer! — gemia em resposta a abatida senhora. — Não o maltrates com os comentários, que ele anda por aí e poderá ouvir-nos e vingar-se da maledicência, durante a noite... Compadeçamo-nos, antes, dele e continuemos a rezar novenas, a ver se aplacamos suas iras... Por que não prometes algo à tua madre protetora, para que, em troca, nos livre ela desse fantasma?

Ricardo partiu, trotando o macho vagaroso, em demanda da velha Quinta do Algarve, a participar ao fidalgote trapaceiro que sua nobre ama o enxotava, pois que voltaria a habitar seu pequeno solar. O fidalgote opôs-se arrogante. Fizera o plantio. Que esperasse a senhora o fim da colheita e a reunião dos lucros. Ricardo tornou ao Castelo, trotando o macho com mais vagar, a morte na alma, a angústia sombreando-lhe o semblante, o medo percorrendo-lhe as fibras nervosas.

Remédio não houve, portanto, senão esperar, apesar dos ingratíssimos acontecimentos.

Esperou-se.

Enquanto esperavam, as aparições continuavam, e Diogo, cada vez mais aplicado, consultava livros. O senhor Cura, cuja respeitável presença era frequentemente reclamada pelas vítimas do senhor D. André Januário, já não sabia em que compêndio de orações encontraria exorcismos capazes de amansar seu furibundo ex-sócio no comércio de contrabando. Confessava-se impotente para conter-lhe os arremessos, e, vencido, acabou por não mais se expor a vexames, pois se tornava a vítima predileta do irritado fantasma, sempre que, atendendo às solicitações de D. Ângela Mariana Magnólia, arrojava--se a pernoitar no sinistro recinto. Margarida, pelas dúvidas, passara a dormir no próprio leito de sua ama. E Ricardo, cujo assombro tocara as raias da loucura, refugiara-se, envergonhado, ao lado de D. Diogo, que, sereno, nada via nem ouvia.

Entretanto, durante as horas calmas do dia, o incômodo fantasma penetrava o recinto discreto da sua biblioteca, onde só o jovem senhor d'Alvarada entrava. Comovia-se então, como se penetrasse no templo das suas devoções.

Lá estava Diogo, a folhear alfarrábios, a traduzir indicações de remotos programas de Ciências ocultas.

Contemplava-o. Pouco a pouco enternecia-se.

Admirava o moço estudante porque nele descobria nobres qualidades de coração e caráter. Percebia, externando-se do seu espírito, aquelas prendas morais encantadoras, que almejara encontrar em amigos seus de outrora, mas que jamais conseguira neles descobrir! De outro modo, não era aquele honrado mancebo filho da única mulher a quem amara? Que importava não fosse ele, André de Casablanca, o pai venturoso de tão digno rebento?! Por certo que o teria sido, se esposasse D. Ângela Mariana!

Porventura, não era, então, um pouco pai, ele mesmo, desse rapaz, cuja fronte resplandecia inteligência? Não o educara às suas expensas, no convento dos santos beneditinos? Não lhe pagara o pensionato e os costureiros, por amor de Mariana, até a sua maioridade? Sim, por Diogo d'Alvarada fizera o que um pai poderia fazer por um filho querido... e agora, contemplando-o, sentia-se profundamente atraído por ele...

Uma lágrima rociava os olhos do antigo castelão. Aproximava-se mais. Via que o filho de Mariana amava os altos estudos da Ciência. Diogo, concentrado, absorto no exame dos manuscritos, deixava resplandecer de si um halo luminoso, que atraía Casablanca, infundindo-lhe respeito:

— Este é escolhido... Está assinalado... — murmurava consigo, recordando-se das magníficas lições dos sábios hindus e magos egípcios... — Ajudemo-lo, porque só este estará à altura de favorecer os meus intentos...

Com tais disposições, carinhosamente, como que o envolvia num abraço paternal. Diogo sentia-o por intuição, agradavelmente sensibilizado com a presença da visita, que o encantava. Vibrava o moço doutor em comoções esplêndidas, abrindo as potencialidades do espírito ao gozo imenso de ser também lembrado pelo famoso duende, que perambulava pelas salas e corredores do seu alcácer...

Uma corrente harmoniosa unia na mesma onda de ternura essas duas almas afins. Queriam-se ambas afetuosamente!

O antigo contrabandista, pacientemente, esmerava-se: soprava segredos aos ouvidos do moço doutor. Este, cenho carregado, absorto, grave qual venerável ancião, isto é, recolhido em pensamentos elevados, ia, sem perceber que era guiado, aos armários, rebuscava prateleiras, descobria gavetas secretas, encontrava volumes e papiros, folheava-os surpreso! D. André segredava-lhe novamente: D. Diogo, folheando aquelas páginas sábias, atendia de preferência a determinado parágrafo e estudava-o com ardor. D. André segredava uma terceira vez: D. Diogo tomava a pluma, rabiscava às margens e ia traduzindo, assombrado, as mais elevadas lições que ao mundo foi dado conhecer, por meio da abnegação, e mesmo do martírio, de instrutores predestinados, que, de boa mente, transmitiram aos homens a sabedoria e as virtudes do Céu. Aqui, ele encontrava um tesouro incalculável, capaz de enriquecer a mente e o coração das criaturas! Ali, descobria a doutrina remota dos *Vedas*,[5] a ciência de Zoroastro,[6] os segredos de Hermes,[7] a moral formosa do Krishna,[8] a sabedoria dos filósofos gregos, dos caldeus, dos magos das universidades esotéricas do Oriente, dos eminentes profetas da Judeia. E a par de toda essa iluminada falange de pensadores surgiam também, daqueles manuscritos remotos, amarelecidos pela poeira dos séculos, os vultos eminentes, inconfundíveis, sedutores, de Pitágoras,[9] de Aristóteles,[10] de Sócrates,[11] e seu discípulo preferido, Platão[12] — as amorosas pregações de Jesus de Nazaré, refulgindo quais sóis rodeados de constelações — na sublime exposição de suas virtudes peregrinas!...

Aqui, eram preceitos de moral — o jejum do espírito, a abstenção do mal e do que é inferior, a fim de se fazer escolhido o indivíduo para o intercâmbio entre as criaturas e as almas dos mortos! Ali, a disciplina austera do coração e da mente, a fim de merecer, de reter e de transmitir aos homens as inspirações dos santos, seus maiorais. Acolá, a educação rigorosa da vontade e demais forças espirituais, transformadas em potência, para realizações benéficas. Mais além, receitas e programas

---

[5] N.E.: Os quatro livros escritos em sânscrito, há cerca de dois mil anos a.C., que são a base das escrituras sagradas do Hinduísmo. O termo veda significa "conhecimento".

[6] N.E.: Reformador religioso iraniano, fundador do Masdeísmo ou Zoroastrismo.

[7] N.E.: Mensageiro dos deuses; patrono dos comerciantes, da Astronomia, da eloquência, além de ser o guia das almas dos mortos para o reino de Hades. Corresponde a Mercúrio na mitologia romana.

[8] N.E.: Divindade muito popular da panteão hinduísta, um dos avatares de Vixnu.

[9] N.E.: Pitágoras (582 a.C.–496 a.C.) foi um matemático e filósofo grego.

[10] N.E.: Aristóteles (384 a.C.–322 a.C.) foi um filósofo grego, aluno de Platão e professor de Alexandre, o Grande.

[11] N.E.: Sócrates (469 a.C.–399 a. C.) foi o professor de Platão, considerado como modelo de filósofo.

[12] N.E.: Platão (428/427 a.C.–348/347 a.C.) foi matemático e filósofo grego.

para evocações de almas defuntas — prêmio radioso da iniciação preliminarmente feita!

Febril, excitado, atento, a inteligência a reluzir, aclarada por um nobre esforço, coração vibrando ao impulso de influências virtuosas do Mundo Invisível — D. Diogo lia, estudava, compreendia, considerava tudo sublime e venerável, e, comovido, penetrava os umbrais de um mundo novo para si!

As Ciências do Oriente — o misterioso Oriente, patrono das sabedorias — apaixonaram-no totalmente! Aprendeu, nesses estudos, por meio de dados positivos, que a alma do homem era realmente imortal! Que descendia de uma fagulha divina e que ao seio de sua origem, um dia, se elevaria, coroada dos esplendores, que por si mesma adquiriria, através dos milênios! Que uma alma desligada de seu corpo terreno pode voltar a visitar a Terra e seus parentes e afeiçoados, tantas vezes quantas lhe seja permitido; ou, simplesmente, permanecer nos círculos em que conviveu e continuar suas rotinas e relações com os mortais! Os pergaminhos e papiros que afoitamente traduzia do árabe, do hebraico, do grego, o instruíam quanto às possibilidades de evocar essas mesmas almas, prendê-las, talvez mesmo obrigá-las a falar-lhe! Um horizonte ilimitado para Diogo se rasgou por aquelas páginas sábias. Compreendeu, então, o porquê da vida solitária e estudiosa de D. André, graças àquelas preciosidades adquiridas certamente a peso de fortunas e conservadas com zelos raros, repletas de anotações valiosas, algumas do próprio punho do barão, às margens das laudas, ou em apêndices. Descobriu, assim, o porquê da sua sombria fama de feiticeiro, quando era um sábio. Admirou sua sabedoria, venerou-lhe a memória e mais que nunca sentiu que excepcional corrente afetiva enlaçava sua alma à do fidalgo desaparecido!

Mas D. André que, do Além-Túmulo, se impusera a missão nobre de guiar o jovem primo pelos meandros do Ocultismo, que ele próprio não honrara conforme fora seu dever, ao passo que o discípulo progredia na iniciação indispensável, ficava decepcionado e sofria: D. Diogo d'Alvarada parecia não possuir o dom de ver nem de ouvir fantasmas! Pressentia-os, tão somente!

Ansioso, contrariado com esse escolho, que lhe trazia fadigas e angústias inconcebíveis, e desejando, cada dia mais intensamente, entender-se com o dileto filho do seu espírito — como a Diogo considerava —, André Januário resolveu reaparecer mais lúcido, mais perfeito, mais espetaculoso nas suas já espetaculosas manifestações.

— Será preciso despertar-lhe o mais possível a atenção — gemia o morto sofredor —, para que não esmoreça o seu entusiasmo e se arroje a chamar-me, tal qual as receitas recomendam...

Com tal intento arrebanhou auxiliares no Plano Invisível — Espíritos, como ele. Ausentou-se durante alguns poucos dias do Castelo. Deu voltas às aldeias próximas, à procura de quem o quisesse servir. Para o que pretendia não era preciso sair da Terra a esbulhar o Espaço — residência lógica e presumível de almas destronadas das suas carcaças. Bateu aos albergues de má fama, locais preferidos por beberrões, jogadores, brigalhões, más mulheres. Nessa sociedade, que, como vemos, pouco se recomendava, encontrou o de que necessitava para a realização dos próprios intentos. Arrecadou certos Espíritos vagabundos, nem bons nem maus, espécie de boêmios ou patifes, que permanecem nos recintos terrenos, aos quais se afazem, que não querem abandonar, e na podridão dos quais continuam vivendo, apesar de serem Espíritos, e não homens. Visitou, pois, contrafeito, um ambiente desses — ele que fora distinto e sóbrio —, observou, e, procurando falar com uma entidade folgazã e simpática, que parecia dirigir um grupo de outros tantos folgazões, disse-lhe, já destituído dos antigos preconceitos da nobreza:

— Ouvi-me, amigo! Sou uma individualidade que perdeu o seu corpo de homem, tal como vós outros...

— É o que vejo, meu fidalgo...

— A diferença que entre nós existe, é que eu sofro, e vós folgais...

— Lamento que sofrais, senhor... e prefiro que nós outros continuemos a folgar.

— Justamente porque sofro é que vos venho pedir um favor, um auxílio... a fim de que me suavizeis a desventura...

As entidades não eram más, dissemos. Poderiam, em coro, responder àquela alma de aristocrata que procurasse os de sua classe e lhes pedisse os obséquios, porque nada deviam a fidalgos.

Eram miseráveis, que nasceram e morreram no opróbrio, e dos tais fidalgos só receberam injustiças e perseguições. Não eram maus, porém. Refletiram que não tinham razão direta de queixas contra aquele que os procurava. Além disso, as maneiras e as súplicas do antigo cortesão os interessaram e comoveram. O que se apresentava como chefe da malta respondeu por todos:

— Não compreendo como uns miseráveis como nós poderão prestar auxílio a pessoas de vossa qualidade...

D. André suspirou magoadamente, como a afugentar recordações incômodas:

— Isso passou, amigos... fui nobre, é verdade, mas hoje sou vosso igual... sou apenas um Espírito que sofre... A morte nivela as criaturas... porque lhes faz justiça...

— Dizei ao que vindes, fidalgo...

— Trata-se do seguinte: sabeis onde residi?

— No Castelo Negro.

— Foi lá. Quero mostrar-me aos meus herdeiros e falar-lhes, porquanto motivos imperiosos a isso me impelem... Tenho feito o máximo dos meus esforços para que me ouçam... Mas assustam-se, blasfemam, ofendem-me e cortam todas as possibilidades que criei... Agora, resta-me o último recurso... Pretendo fazê-los compreender que não se trata de alucinação, como explica, a fim de aquietá-los, o senhor Cura. Quero dar-lhes visões insofismáveis, coisa que lhes seja impossível atribuir a alucinações ou a artes de demônios... Quero, finalmente, que vejam a minha premente necessidade de me tornar compreendido, a minha angustiosa urgência de que me atendam e ouçam... Pretendo impressioná-los, sem lhes causar dano...

— Compreendo, meu senhor...

Entenderam-se. O antigo barão não teve pejo de confessar aos boêmios as próprias faltas. Contou-lhes as razões todas das amarguras que traziam sua consciência em ebulição. E, dando ordens, assim concluiu:

— Obtive permissão dos maiorais que me inspiram — representados pela caridosa alma daquela que foi minha muito querida mãe — para tentar o que for possível... Concederam-me não só licença como liberdade, desde que não ultrapasse os limites do bom senso e da fraternidade devida ao próximo — aos quais, absolutamente, não é meu intento infringir. Se o senhor Cura lá se encontrar, atormentai-o, para que se vá embora... Sua presença incomoda-me: ele sabe evocar as almas dos mortos, mas não me convém chegar às falas com ele, por motivos particulares...

— Entendo, meu fidalgo: se ele descobre o tesouro...

— A D. Diogo d'Alvarada, o mancebo que vereis a estudar na biblioteca, nada fareis que possa incomodar ou chocar — ele precisa serenidade para se habilitar no difícil empenho de desvendar os segredos da morte...

Tudo combinado, o chefe arrecadou a quadrilha: eram cinco figurões, galhofeiros, pândegos, prontos para as boêmias de Além-Túmulo:

— Eia, rapaziada! — bramiu, à guisa de ordem de marcha. — Temos festa no Castelo Negro! Vamos esquecer tristezas no bailado dos móveis de uso da senhora baronesa...

O resultado desse conluio de fantasmas não se fez esperar.

Assim foi que, naquela mesma noite, fato singular abriu caminho a uma série de acontecimentos alarmantes, como até então jamais se concebera.

À mesa da ceia, D. Mariana e seu filho conversavam discretamente enquanto Ricardo, perfeito mordomo, servia os modestos pratos do dia. De súbito, a luz, que caía de um lustre preso ao teto, começou a oscilar. Olharam para cima intrigados, a investigar o que acontecia. O lustre baloiçava docemente, chocalhando os cristais dos pingentes, como impulsionado por mãos humanas. Os vitrais das janelas, fechados, impediam até mesmo as brisas que sopravam do mar. Ninguém o tocara sequer com o pensamento! Mas o lustre baloiçava, baloiçava... Agora, com mais força, chocalhando os pingentes com inteligência, como a querer despertar a atenção de um observador consciencioso, para um entendimento... ao mesmo tempo que as chamas das velas, a dançarem, a dançarem, transformavam o salão de jantar num recinto fantasmagórico, onde tudo — pessoas, móveis, paredes, utensílios, objetos — parecia movimentar-se...

— Meu Deus! — brada Ângela Mariana, ameaçada de sua enxaqueca — ele não tarda a se despregar de cima, para despedaçar-se sobre a mesa...

Mas como se a sua expressão inspirasse um pensamento alheio, eis que o lustre aquietou-se repentinamente, ao passo que um pesado quadro, suspenso da parede, desprendeu-se, como por encanto, para se quebrar a seus pés.

Fora o aviso. Dessa noite em diante, cadeiras moviam-se de um para outro lado; portas de armários escancaravam-se e batiam estrondosamente, ao se fecharem, vezes repetidas, como se crianças travessas com tal manejo se divertissem. Utensílios de copa, de cozinha, de *toilette*, despenhavam-se dos seus palanquins, nas prateleiras, produzindo barulhos ensurdecedores. Mesas pesadas se equilibravam em dois pés, ou em um pé, apenas; outras, menores, eram suspensas ao ar, dançavam, corriam, arrastadas por mãos invisíveis, ao longo dos corredores. Poltronas são mudadas de local, ininterruptamente. Cestas de costuras, chinelas, mantas de agasalho eram arrancadas de onde se encontravam e atiradas longe, mesmo que se achassem nos pés da senhora baronesa ou nos ombros da criada Margarida. Se se acendia um candelabro, daí a instantes se ouviam tantos sopros quantas eram as velas, vibrados ao mesmo tempo, e as velas se apagavam... enquanto gargalhadas estrondosas se perdiam no eco dos corredores...

— São 'diabolices' do senhor D. André — caluniava, nervosa, a velha Margarida, sem nenhuma consideração pela nobre casa dos Castanhede e Casablanca.

— Não é possível, minha boa Margarida! Aqui há mistérios! — contrariava, quase ensandecida, a baronesa. — Bem vês que são cinco sopros ao mesmo tempo, se o candelabro contém cinco velas... O senhor de Casablanca não poderia soprá-las, todas, ao mesmo tempo, uma vez que o candelabro é aberto à feição de pirâmide...

— Parece-me cá, senhora baronesa, que vos esqueceis de que o tal senhor era mágico?... Sabei vós que mais?... Já não tenho madre protetora! Estou órfã, senhora baronesa, órfã e enjeitada: a Senhora das Boas Harmonias despreza-me, pois já não atende a meus pedidos!...

Ricardo tornou à Quinta do Algarve, cavalgando o mesmo pacífico jumento. No entanto, a tropa arrecadada pelo senhor de Castanhede e Casablanca acompanhou-o, a descobrir o que pretendia o poltrão, muros afora da velha fortaleza.

O criado grave intimou o fidalgote, ordenando-o, em nome da ama, a mudar-se em 48 horas, que a senhoria arrumava as canastras, a fim de se pôr em viagem de retorno à sua Quinta. O fidalgote, porém, que findara a colheita, agora entrara a fabricar os vinhos. Ricardo insistiu agastado. A malta de boêmios do Invisível interveio. Soprou valentias aos ouvidos belicosos do fidalgote vinhateiro, com o qual simpatizou, graças à magia do bom vinho que fabricava. A peso de tal proteção, o inquilino da senhora D. Ângela Mariana enraiveceu-se. Trocou desaforos com Ricardo:

— Não! Não sairei desta Quinta antes que se esgote o prazo combinado. O contrato do aluguel dá-me cá o direito de cinco anos, e apenas se escoaram dois, ouviu senhor mordomo? Só se escoaram dois anos! Vá dizê-lo à senhora sua ama, se ela o esqueceu. É bom que disto se lembre para não estar cá a importunar-me todos os dias! Que me importa a mim que os assombros os persigam no Castelo? Lá se aviem!... Eu e os meus não temos parentes que nos assustem às horas mortas da noite. Somos todos lavradores e honestos. E os nossos defuntos é tudo também gente séria. Ora muito bem, senhor mordomo, ponha-se já daqui para fora, e passe por lá muito bem, mais a senhora sua ama, os seus defuntos e o diabo que os carregue!

Ricardo ameaçou queixar-se à Justiça. O vinhateiro avançou cheio de cólera. Acercou-se do aristocrático mordomo, surrou-o sem-cerimônias, pô-lo no dorso do macho paciente e expulsou-o de suas vistas.

Com as novas manifestações de D. André, Diogo iluminou-se!

— Quer fazer-se compreendido — pensava, observando a ida e vinda dos móveis, o apagamento das luzes, as sortidas pregadas a sua mãe e a Margarida. — Os sinais são inteligentes e expressivos demais, para deixarem de significar que seu autor o que deseja é ser ouvido! Compreendia já o bastante. Tanto quanto é possível à criatura inteligente e esforçada perceber uma teoria, penetrar-lhe os segredos, sorver-lhe a essência

— o jovem castelão assenhoreou-se, penetrou e sorveu a magia das lições provindas do Oriente.

D. Diogo trazia a ferver-lhe nas artérias o nobre sangue de um aventureiro. Era intrépido, e sua intrepidez, se se não manifestara de forma ostensiva e belicosa, fora decerto devido à influência do doce caráter materno, que o dirigira, e da acanhada educação recebida atrás das paredes de um convento. Aliás, nas épocas de estudante, tornara-se por demais incrédulo, para aceitar teorias e milagres sem lhes investigar o lado positivo, isto é, as causas. Aventurou-se, portanto, e atreveu-se à prática dos ensinamentos dos seus livros de evocações, para, de moto-próprio, compenetrar-se da verdade. No fundo aceitava os fatos. D. Diogo sabia raciocinar:

— Não! Aquilo que diziam os velhos pergaminhos era grandioso e sábio demais para se haver forjado na estreiteza de humanos cérebros! A tão grandes alturas não se arrojaria a caturrice dos sabichões da Terra, incapazes de inventar doutrinas em que cintilassem clarões de pensamentos divinos! Sim! Sim! Era real aquilo! Jamais poderia o homem inventar a possibilidade de falar com os mortos, se um morto lhe não viesse, primeiramente, ao encontro, e asseverasse: Eu existo! Fala-me tu, que te falarei também!

"Sim, era real aquilo, não poderia deixar de ser real!"

Porque compreendeu os textos e porque afirmassem estes que somente aos grandes escolhidos pelo Invisível conceder-se-iam poderes psíquicos, a fim de compreendê-los — considerou-se escolhido e iluminado!

Diogo d'Alvarada, caráter nobre, alma sincera, coração generoso, inclinado às altas explosões da fé, pensamento sadio e profundo, em que vicejavam fecundas intuições; altivo, dessa digna superioridade que eleva a criatura acima da vulgaridade cotidiana, fazendo-a impor-se por avantajadas qualidades pessoais; respeitador de Deus, observador, paciente, aplicado, perseverante — trazia, alcandorando-lhe a alma, os dispositivos indispensáveis ao devassador dos planos do Além!

Aventurou-se, portanto, a experiências, com a firmeza com que, outrora, nos templos sagrados da Índia e do Egito, os iniciados se dispunham a provar parcelas da sabedoria, alcançada após decênios de austera reclusão!

Ei-lo que, às ocultas, transpõe salas e corredores, e se encontra diante das portas chapeadas que dão acesso à misteriosa galeria da ala direita.

Sua intenção é penetrar nos recintos interditos, porque supõe ali prisioneira, em atribulações penosas, a alma sofredora de D. André de Castanhede e Casablanca. E ali mesmo, naqueles recintos vedados a visitas profanas, que vibraram, ontem ainda, sob os deslumbramentos da contemplação de sagrados mistérios — é que quer aproximar-se da individualidade aflita e interrogá-la.

Seu coração palpita, tremente de emoções. Gélidos suores aljofram-lhe a fronte iluminada de inteligência. Manda-lhe o coração que viole o selo das portas e corra em socorro de André Januário. Adverte-lhe o dever, porém, que se abstenha do sacrilégio de infringir as ordens de um morto. Luta angustiante trava-se na consciência do moço. No testamento há uma cláusula que proíbe se devasse o lado direito da habitação. Em suas aparições, no entanto, o defunto André revela-se arrependido de tal severidade e dá sinais mui aflitivos para que o acompanhem à sua moradia. A proibição do testamento refere-se à Mariana e esta prestou o terrível juramento de obediência. Ela não pretende devassar os recintos interditos. Ele, Diogo, é que o fará. E ele, Diogo, não foi proibido de fazê-lo, não prestou qualquer juramento que o impossibilitasse disso!

O dever venceu. Três vezes medita indeciso, diante das portas de carvalho chapeadas, e três vezes torna, contrafeito, à biblioteca.

De novo, D. André apareceu à baronesa, no seu próprio quarto de dormir:

— Sofro! — declara-lhe em súplicas. — Vem comigo à minha residência!...

Novas devoções: procissões consecutivas revolucionam e beatificam a velha fortaleza moura...

Diogo decide-se.

Sozinho, digno, comovido — empunha ferramentas, levanta pregos, parafusos, ferrolhos, fechaduras... Aciona-o uma força dantes jamais sentida, mas ele opera calmamente, com a resolução e a paciência dos conscientes do que praticam.

Penetra a galeria. Ninguém o vê. Contudo, ele se sente acompanhado. Um sopro de mistério envolve-o. À meia luz, coada dos vitrais, transporta-se, impregnado de sagrada unção! Nele há a impressionante sensação de que abriu um túmulo!

A galeria é vasta, imensa, nobre, digna de um solar de monarcas. À direita e à esquerda, fileiras de portas em estilo gótico, semiencobertas por cortinas do mais fino tecido de Damasco. Aqui, ali e acolá, janelas também góticas deixam penetrar a luz velada e melancólica dos riquíssimos vitrais. Escadarias de preciosas madeiras, ondulosas como espirais caprichosas, e cujos corrimões, rendados em obras de talha, respondem pela arte augusta dos mestres que as executaram, surgem aos quatro cantos da enorme dependência. Nobres colunatas com seus capitéis bizantinos, elevando-se em duas fileiras majestosas a susterem a armação dos andares superiores — encantam o fino gosto do mancebo; grandes candelabros colocados em estantes suspensas ao longo das paredes, e pelos desvãos das portas, e lustres preciosos de prata e de cristal pendentes do teto esculpido a rigor — falam de uma riqueza soberana e emprestam feição de catedral à nobre galeria.

Silêncio sepulcral envolve o ambiente. Há uma poesia augusta vogando pelo ar, extraída dos mistérios das coisas pelos irisados tons de sol que se coam docemente através dos vitrais das ogivas góticas. Diogo sente-a. Enternece-se. Tímido respeito empolga-o. Para ele aquela galeria é um sacrário, jamais antro de demônios! Adeja em torno dele um vago palpitar de ânsias que chocam a sua alma: é o invisível ser de D. André que o recebe comovido!

Filho da sua época, não pode fugir a um sentimento de supersticioso pavor, recordando-se de que ali entrara contrariando a ordem do moribundo. Aflige-se, pensando nas vinganças prometidas. Quer retroceder sob o rigor de uma última indecisão. Desconhecida força de vontade, porém, o retempera, retendo-o onde se acha e levando-o a raciocinar que o testamento ordenava tão somente que se não penetrasse na ala direita. Ora, ele não atingira a outra, avançara simplesmente até a galeria, isto é, ao ponto divisionário das duas metades do Castelo.

— Não passarei daqui, juro-vos, D. André! Obedecerei fielmente às vossas recomendações! — murmurou, estendendo a destra na certeza de que era ouvido.

O jovem sábio pôs seu plano em execução.

Invocou, de início, as potestades maiores. Conjurou-as a que o iluminassem dos fulgores excelsos que reluzem em torno dos eleitos. Exaltou-se em súplicas ardentes, olhos erguidos para o Alto, à procura do Infinito, corpo reteso, sem uma contração, domado por uma absorção de todos os sentidos físicos; rosto banhado em prantos que lhe escorriam como se de seus olhos não fossem, sem lhe provocarem a mais leve contração das pálpebras; braços distendidos, firmes, apontados para Leste — para o Oriente!

Era o êxtase![13]

---

[13] Nota do autor espiritual: Concentração poderosa, transe.

Pronunciando palavras sagradas, traçou nos mosaicos do chão o círculo mágico e acendeu resinas.[14]

De novo caiu em êxtase. E depois, quando se reputou suficientemente disposto para penetrar o sagrado mistério, pronunciou as frases sacramentais decisivas,[15] próprias dos eleitos — aquelas que constituem o segredo supremo, a suprema honra ao mérito dos iniciados dos mistérios; e ordenou à sombra erradia de D. André de Casablanca que se recolhesse ao elo, se apresentasse e lhe falasse.

Ao lado, caçoilas de prata deitavam leves 'fumacitas' de essências perfumosas...

D. Diogo esperou.

Continuava extático; agora, porém, seus olhos eram rebrilhantes, fosforescentes quais focos de mistérios, fixos no centro do círculo. Braços cruzados sobre o peito generoso, fronte ebúrnea, aureolada de vontade, alma alcandorada nos ardores da fé, coração exaltado de amor — ele era incomparável no seu gesto!

D. Diogo esperou.

A sombra evocada não se apresentava.

Perseverou e esperou mais.

D. André tardava.

Animou-se com mais firmeza e esperou ainda.

---

[14] Nota do autor espiritual: Simples fórmulas antigas que acompanhavam o trabalho espiritual para evocações. O progresso fez que fossem abandonadas, por desnecessárias.

[15] Nota do autor espiritual: Palavras sacramentais decisivas, só usadas após longos períodos de renúncia e sacrifício pelos antigos iniciados orientais: "Em nome de Deus Todo-Poderoso, Criador dos universos, Foco da vida, princípio e fim de todas as coisas!".

O sagrado círculo mantinha-se vazio!

Exausto, desanimado, abateu-se, então. Fora improdutivo o seu trabalho! Falhara a sua primeira experiência! No entanto, estava certo de que observara os rituais dos livros sábios...

Os braços decaíram trêmulos e doloridos ao longo do corpo. Fundo suspiro qual lamento de infortúnio dilacerou-lhe o seio decepcionado. D. Diogo sofria o revés!

Lentamente, tristemente, apagou as resinas. Desfez os traços mágicos do círculo. Proferiu sacros esconjuros de renúncia aos encetados projetos. Deixou a galeria, fechou habilmente a porta de que se servira e tornou à realidade.

Dali a alguns dias experimentou de novo — vão trabalho!

Novas consultas aos pergaminhos remotos, novas preces e conjuros, meditações novas e jejuns e experiências. Mas fosse por sua mesma inépcia, por lhe faltar o dom de visão, que sobejava nos demais, ou má vontade da alma chamada; fosse por insuficiência de recursos psíquicos precisos para o sacrossanto ministério, ou pelo receio que levava, ao iniciar, de se ver por alguém de casa assim surpreendido, receio enervante, que o incomodava — o certo foi que mais uma vez, ainda, o círculo permaneceu deserto, que uma vez ainda a sombra evocada não correspondeu à atração que sobre ela sua vontade exercera, e que nenhuma voz tumular concorrera aos seus ardentes apelos!

Vivamente contrariado, D. Diogo d'Alvarada, durante vários dias, mostrou-se acabrunhado e triste aos seus, reconhecendo-se mesquinho, a fim de operar, ombreado com os iniciados do Oriente. Humilhado, jurara aos Céus não mais se arrojar a desvendar mistérios, porque ainda não era digno deles. E fechou os livros hebraicos, guardou em fundas gavetas seus amados rolos de papiros egípcios. Todavia, desses fatos não arredava cuidados, pois as manifestações eram cada vez mais inteligentes, como a procurar entendimentos. Sentia-se, porém, inepto, e seu coração, de dia para dia, mais se apaixonava e entristecia na dor dos maus êxitos.

Em tais disposições de espírito se encontrava o aplicado mancebo, quando acontecimento venturoso, não decerto tão nobre quanto os que o amarguravam, mas talvez bem mais interessante para o ardor da sua mocidade enérgica, veio alvoroçá-lo, fazendo-o olvidar pergaminhos hindus, egípcios, gregos e hebraicos, ocultas ciências e a alma de D. André.

Um correio viera de Cintra participar à senhora d'Alvarada que sua sobrinha Aurora de Casablanca pedia licença para, em sua companhia, comemorar as festas do Natal, pois dezembro já ia entrar com suas neves e suas tradições.

7

Aurora

Que a menina de Casablanca era formosa como as alvoradas, ninguém poderia contestar. Que seu lindo nome fosse o complemento feliz do seu caráter adamantino, do seu gênio folgazão e sadio, da castidade do seu coração afetuoso e expansivo, que a todos distribuía das riquezas que lhe eram naturais e próprias, também era incontestável. Bastaria conhecê-la e com ela privar durante algumas horas, para se convencer o assistente dessa verdade que a todos encantava.

Havia muitos anos ela e Diogo d'Alvarada se amavam e projetavam casamento para quando chegasse a maioridade.

Aurora, que contava agora suas risonhas 18 primaveras, tanto possuía bondade, beleza e boa educação, quanto era destituída de riquezas. Este, portanto, era o escolho que contrariava a senhora D. Mariana, fazendo-a negar consentimento à realização dos ideais acalentados pacientemente pelos dois enamorados primos. Desejava passar os dias da velhice ao abrigo das necessidades, que até então a tinham perseguido, e Aurora lhe não oferecia garantias para tal futuro, unindo-se a Diogo.

Certa senhora d'Alcântara Fialho — viúva já velhota, gordalhuda, mas ainda leviana e prazenteira — propusera-lhe vantajosa aliança, pois traria fortuna respeitável, em troca do bem-sonante título de "baronesa D'Alvarada e Aragão", o que para logo fez que a boa e simplória Mariana antipatizasse com as ternas aspirações de sua galante sobrinha, para atufar-se de empenhos pela digníssima dama D'Alcântara.

D. Diogo Antônio José Francisco d'Alvarada e Aragão, porém, era homem moço, ardente, sentia-se apaixonado pela formosa prima e, pela vez primeira, entendera desobedecer à mãe. Repeliu as homenagens da velha arca intumescida de ouro, ou seja, da senhora D'Alcântara Fialho, e continuou junto da prima, a arrular fervorosos projetos de amor eterno.

Aurora educara-se na Corte às expensas de alguns parentes generosos que a haviam recolhido ao tornar-se órfã, ainda na infância. Era o que, em linguagem sincera, se poderia classificar — uma gentil menina!

Lia, escrevia, tecia à sua roca, bordava complicadas tapeçarias e finos lenços de cambraia; tocava ao clavicórdio e à sua harpa, cantava com doçura, dançava com muita graça, montava com galhardia e conversava com inteligência. Fora cheia de fortuna o quanto o era de encantos e dotes pessoais, e decerto já teria sido feita princesa por algum nobre príncipe, vassalo de seu amor. Seu maior encanto, todavia, era a natural bondade do seu coração de anjo! Oh, que alma benévola! Que galhardo espírito! Que caráter formoso e sedutor! Junto de Aurora jamais se estaria mal! Radiosa e pura como o Sol, alegre como as andorinhas que revoavam ao voltar da primavera; afetuosa, prestativa, delicada, gentil e amável, ela trazia o bom reino em si e distribuía de suas virtudes a quem quer que com ela convivesse, irradiando, em torno, os preciosos dons que possuía e os exemplos das mesmas virtudes que a envolviam. Quando, por uma tarde rígida e invernosa, subiu, às risadas, as longas escadarias ziguezagueantes do Castelo Negro e pisou suas velhas salas, dir-se-ia que um deslumbramento celeste iluminou aqueles sombrios recintos saturados de amargura, expulsando aflições, convertendo em esperança e confiança o que dantes era pesar e incertezas. Pelo menos, tal fora a impressão que sua figura graciosa causara a Margarida, a Ricardo e ao menino Diogo. Os terrores das más almas desapareceram. Foram-se as tristezas de uns e as lamúrias de outros. Os semblantes se alumiaram de contentamentos. Ao seu contato irresistível os corações se aqueceram e pela magia de sua presença se tornaram confiantes.

O próprio senhor D. André e mais o seu rebanho de serviçais, apesar de Espíritos, também se confessaram encantados com a graça da linda menina. Nesse dia, aquietaram-se. Tiveram receios de molestá-la, tão bondosa a reconhecerem, tão mimosa de coração a notaram. De outro modo, o luzeiro que a envolvia, qual moldura tecida em fios de sol, infundiu-lhes respeito, levando-os a reconhecer que a menina pertencia a boa linhagem espiritual, pois a moldura indicava que era benquista dos Céus. Semelhante conceito mais se confirmou quando, pela calada da noite, indecisos se continuariam ou não as ousadas manifestações que levavam a efeito, ouviram certos tons suaves, sussurros harmoniosos de prece, como se pensamentos angelicais modulassem orações às potestades divinas. Firmaram a audição. A melodia partia do dormitório da recém-chegada. Espionaram respeitosos, como a medo, visto tratar-se de surpreender a intimidade do aposento de uma virgem. D. André, que, no Além, não perdia a distinção das maneiras, bateu levemente no carvalho da porta, anunciando sua presença. Percebeu-o Aurora, que, interrompendo a melodia — pois era ela que fazia vibrar os dulcíssimos acordes que o impressionavam — respondeu, em saudação afetuosa:

— Podeis entrar, senhor D. André... Vinde acompanhar-me em minhas orações... mas trazei convosco a paz da Virgem Santíssima...

Mas D. André não entrou; faltou-lhe o ânimo!

É que o quadro que se apresentava à sua contemplação de Espírito era grandioso demais para que ele, o sofredor perseguido pelos remorsos da avareza, pudesse profanar.

À beira do modesto leito que sua tia lhe reservara — o mais modesto da velha fortaleza moura —, Aurora, de joelhos, mãos cruzadas em gesto de devoção, olhos súplices erguidos para o Alto, coração e pensamento fixos na silhueta imaginária da Virgem de Nazaré e nele próprio, D. André de Casablanca, orava em sua intenção. O morto ouvia-a comovido. Dir-se-ia a melodia dos anjos. Suas palavras e intenções, simples, sinceras, infantis, caíam como bálsamos na ardência do seu atribulado Espírito. A luz pobre, mortiça, de uma única vela, alumiava o aposento. Mas a descer sobre ela, talvez do Infinito, um cascatear luminoso a envolvia, como bênção da própria santa invocada. Dizia a menina, em sua oração singela:

Virgem Santíssima, senhora minha mãe e protetora:

Pelo que ouço dizer aqui, o senhor D. André Januário, meu caro primo, ainda não conseguiu alcançar o Céu, o que me penaliza muito sinceramente. Consta-me, mesmo, que o querido primo está sofrendo. Em vista dessa tão grande infelicidade, peço-vos, ó santa mãe de misericórdia, a vossa proteção e empenho, junto de Deus Pai, para que sejam aliviados os seus sofrimentos. Se eu pudesse ajudar o senhor meu pobre primo, de todo o meu coração o faria. Mas como nada posso fazer, apelo para o vosso coração maternal, para que se apiede dele, enxugue suas lágrimas, console-o de suas dores e o encaminhe para os vossos braços. Se nesta casa existirem duendes, como afirma a boa ama Margarida, para eles também rogo o vosso amor de mãe e protetora. Ajudai-os a ganhar o Céu, porque os mortos devem viver no Céu, junto dos santos. Rogo-vos lhes digais, a meu pedido, para não me assustarem com suas brincadeiras. Preciso passar uma temporada neste Castelo, porque sou órfã, não tenho um lar próprio, recebo esmolas dos meus parentes, que são todos muito bons para mim; sendo-me necessário viver ora aqui, ora ali, ora acolá, a fim de não sobrecarregar a nenhum. Se esses meus irmãos — os duendes — me assustarem muito, terei de me ir daqui, não sei para onde, pois todos os meus parentes estão muito sobrecarregados de minha pessoa, e eu me acanho de incomodá-los tanto! Prefiro ficar neste Castelo, por enquanto. Todas as noites rogarei a vós por eles, como hoje. Sou muito amiga do primo D. André e dos demais que o acompanham. Rogo vossa bênção para todos nós. Amém.

D. André de Casablanca retirou-se enternecido e pensativo. Os boêmios, cabisbaixos, saíram, por sua vez, silenciosamente, e se agruparam sob os olmeiros do parque, apesar do frio que cortava. O antigo contrabandista reconhecia-se em situação melindrosa.

— Que fazer?... — raciocinava, absorvido nas próprias meditações. — Se continuo as provocações, a pobre menina, que é mimosa, delicada, retirar-se-á do Castelo e eu, que me penalizo de suas dificuldades, não desejo agravá-las, de nenhum modo! Se, porém, dispenso as ditas manifestações, correrei o risco de ser esquecido por Diogo, a quem os insucessos das primeiras tentativas desanimaram... Que fazer, ó meu Deus, se preciso falar a Diogo, ou a quem quer que seja, bastante digno, para me compreender e atender?...

Aurora interessara sobremodo ao aflito defunto. Dir-se-ia estimá-la já como a uma filha. Ela e Diogo enchiam de tão grande ternura a sua alma que, nessa mesma noite, o infeliz reconheceu o grave erro em que incorrera, guardando fidelidade estéril ao amor de Mariana.

— Sim, fizera mal, fizera muito mal! Mariana, que não o amara, deveria ter sido esquecida pelo amor de outra mulher! Ele, André, deveria ter contraído matrimônio, deveria ter sido pai, deveria ter criado uma prole sob seu carinho vigilante, que seria, certamente, dos mais dedicados! Suas desventuras, seu egoísmo de fera, seu próprio crime de avareza, mais não foram que o funesto resultado da solidão de que se cercara, na insânia sentimental que o tolhera, privando-o do amparo de uma esposa e do amor de filhos queridos! Oh! se os tivesse tido, assim como via que eram Diogo e Aurora, que feliz se sentiria, agora, contemplando-os! E como se arrependia de não haver, ao menos, adotado Aurora, que era órfã e pobre! De não lhe haver deixado um palácio para residência própria, um dote, que lhe permitisse casar-se quando bem o desejasse, ele, que fora tão rico! Mas não a conhecera, sequer! Via-a agora, pela primeira vez! Dela ouvira falar ligeiramente, sem jamais se interessar, fiel ao seu nefasto egoísmo! E a encontrava, de repente, ali, a orar em seu favor, as únicas súplicas realmente sinceras e desinteressadas que conseguira presenciar em seu benefício!...

Uma lágrima rociou os olhos tristes do seu corpo astral. Seu Espírito sofria!

Aproximou-se dos serviçais, que o esperavam:

— Amigos — disse-lhes —, agradeço profundamente os vossos préstimos... de muito e muito me serviram... Todavia, rogo-vos que aguardeis ainda, sem nada mais tentar... Preciso refletir...

Recolheu-se à sua velha biblioteca renascença. Amava aquele recinto. Sentou-se, abatido, na grande poltrona de espaldar; ela ainda conservava as impressões do corpo de Diogo, que lá estivera havia poucas horas. As lágrimas desceram em jorros. A imagem de Aurora, ajoelhada, a orar por ele, ternamente, a chamar-lhe *o seu querido primo* — e assim apresentando-o à Virgem Santa —, produzia-lhe revoluções íntimas da maior intensidade. Aquela alma de avarento, não obstante o egoísmo que a ensandecera, reconhecia-se sedenta de amor! Desejava amor! Quisera que todos, todos o amassem realmente, que, quanto a ele, se fosse amado, a todos teria amado também! Fora, porém, mendigo de afetos e atravessara a vida na miséria insuportável de jamais se sentir bem-querido por alguém! Mas eis que, de súbito, duas crianças, dois jovens corações abriam-se em fragrâncias sublimes, para acenderem afetos a respeito dele, amando-o espontaneamente, com o mais vivo, o mais virtuoso e santo sentimento a que poderia aspirar sua pobre alma infortunada!

— Diogo! Aurora! Deus vos abençoe, queridos filhos, pelo bem que me fazeis, oferecendo-me vosso amor, vossas orações cheias de lealdade, vossos desejos benéficos...

Caiu de joelhos junto da poltrona renascença e orou, ele também. Orou fervorosamente, inspirado na doçura da prece de Aurora, a essa Virgem mãe que a protegia, que era amada por seu coração juvenil! Orou, ainda sentindo a melodia dos sussurros da gentil menina, os quais como que guiavam seus passos vacilantes por uma estrada enluarada pelas visões da esperança!

Lá fora soprava o vento; e o mar se esboroava, como sempre, de encontro às penedias...

Pouco a pouco, suave calma envolveu-lhe o espírito. Doce réstia de luz veio aquecer suas angústias, amenizando-lhe a perturbação das incertezas. Dois amoráveis braços o envolveram em amplexo maternal. Levantou-se, e, transfigurado, murmurou, como se sonhasse:

— Senhora! Minha querida mãe! Oh! bendita sois, que correstes em meu socorro!...

Com efeito, o vulto luminoso de sua mãe correspondera aos apelos do seu espírito atribulado, correspondera às súplicas da menina de Casablanca, e ali estava, a guiar e inspirar o filho, como já o vinha fazendo, para que se revigorasse no caminho áspero das reparações. Deu-lhe conselhos, inspirada na piedade da padroeira de Aurora:

— Que cessasse com as manifestações ostensivas; já não eram necessárias, porque Aurora ali estava, era boa e prestativa e se prontificara a ajudá-lo. Que, durante o sono de Aurora, buscasse o seu Espírito amigo e o cativasse com simpatias e lhe infundisse confiança, revigorando, por essa forma, a corrente de afinidades que entre ambos naturalmente existia. Que se apresentasse, de quando em quando, à menina, durante a vigília. Mas o fizesse docemente, sem chocá-la; que se mostrasse sereno, mesmo risonho, amorável como um pai! E, lentamente, a convencesse de que deveria ouvi-lo... porquanto a encantadora menina era dotada das faculdades sublimes que permitem, de todas as maneiras, o entendimento com os chamados mortos, isto é, os habitantes do Mundo Invisível!

E assim foi que, desde a tarde rígida e invernosa em que, às risadas, Aurora subira as escadas ziguezagueantes da velha fortaleza, desapareceram os terrores das más almas, pois cessaram completamente as desordens provocadas pelos demônios que tanto pavor infundiam, não somente a Mariana, a Margarida e a Ricardo, mas à redondeza toda!

Realmente, Aurora dir-se-ia a própria redenção! A jovem povoara a ala esquerda com a estranha luz que aclarava o seu interior: cantava, tocava bandurras e harpas que ia encontrando pelos gabinetes; divertia-se, divertindo os outros, narrava sucessos da Corte, contava a Margarida e a Ricardo engraçadas anedotas, dançava, trabalhava, enchia o ambiente da atividade incansável dos amáveis e dos de boa vontade.

Logo se fez conhecida pela redondeza e atraiu visitas, mesmo de campônios, que a obsequiaram com presentes. Aurora recebeu todos com graça e bondade, como se estivesse em sua própria casa; e a todos cativou — malgrado às cerimônias da senhora baronesa e do mordomo Ricardo, que teimavam em conservar hábitos e preconceitos usados havia vinte anos passados, na Corte. Depois, retribuiu as visitas, acompanhada por Margarida e D. Diogo; e quando o Natal chegou, correu aos populares festejos e não se pejou de assistir à grande missa na igrejola da aldeia, como qualquer burguesa. Enfim, veio o Ano Bom e a incomparável Aurora organizou danças e festividades no próprio Castelo, o qual, pela primeira vez, vibrou de verdadeiras alegrias!

Diogo confessava-se encantado! Mais que dantes se sentia enlouquecer de amor pela prima. Margarida, radiante, protegia o namoro às ocultas da baronesa, e já não rezava à Senhora das Harmonias pela torturada alma do barão de Casablanca, mas para que a baronesa d'Alvarada viesse a estimar Aurora, detestando a feia gordalhuda senhora d'Alcântara Fialho.

A par dessas ocorrências, o defunto barão André Luís Januário Francisco não perdia tempo. Seguia à risca os conselhos de sua carinhosa mãe. Qual enamorado cioso da estremecida convivência, todas as noites, depois do toque de silêncio, punha-se à porta do santuário que, para ele, representava o dormitório da gentil prima. Como sempre, antes de adormecer orava ela à Virgem Santa, mais ou menos nos mesmos termos, pelo sofredor parente do outro mundo. Agora, porém, juntava às melodias das próprias orações desvanecedoras agradecimentos a D. André e seus comparsas, por haverem cessado as brincadeiras, e no dia seguinte lhes oferecia flores, colocando-as em jarras aos pés da imagem da Virgem. O barão defunto, que a observava, poderosamente atraído para ela, muitas vezes sorria enternecido, malgrado suas amarguras, vendo-a nesse afã, sempre devotada, silenciosa, discreta, sem jamais participar aos demais do que fazia.

Porém, como íamos dizendo, Aurora adormecia. D. André buscava, ansioso, o seu Espírito. Beijava-lhe a fronte, qual terno e venturoso pai. Levava-a dali, para locais mais puros e tranquilos do Invisível, amparados pela desvelada mãe, que ajudava o filho. Contava-lhe, o entristecido Espírito do fidalgo, seus infortúnios, suas esperanças e cansaços. Suplicava-lhe que, se o visse, durante a vigília, não o receasse nem lhe fugisse: atendesse-o, isso sim!... pois muito necessitava ele, o mísero, que ela e Diogo tivessem caridade e valor bastantes para penetrar a ala direita do Castelo, na qual residira, e onde sepultara riquezas...

E concluía, trazendo-a de retorno ao quarto de dormir:

— Meu maior receio é que olvides completamente estes colóquios comigo... Julgarás tratar-se apenas de um sonho sem maior importância... fruto das impressões produzidas pelas narrações de Margarida e de Ricardo...

Afetuosa e devota, respondia a menina, procurando confortá-lo:

— Não vos esquecerei, senhor meu querido primo: a Virgem Santa far-me-á o favor de conservar viva, em meu coração, a lembrança destas nossas falas, a fim de que vos possa ajudar conforme necessitais...

No dia seguinte, nervosa e impressionada, dizia baixinho à boa Margarida, receosa de que a ouvisse a severa tia:

— Sonhei, Margarida, que D. André de Casablanca levou-me consigo à sua ala direita, mostrou-me muitas riquezas e pediu-me para lá entrar, quando despertasse...

A velha beata persignava-se, sentindo estremecimentos de terror e aconselhava prudentemente:

— Esconjurai-o, minha rica menina, esconjurai-o, rezando o santo Credo de trás para diante, e benzendo-vos a cada palavra: que o malvado o que deseja é perder-vos... seduzindo-vos para que o acompanheis aos infernos, onde se encontra! E mais esta! O perdido!...

D. Ângela Mariana, no entanto, era a única que tratava mal à adorável menina. Não lhe fizera agrados, não lhe sorria jamais, decepcionando a cada hora o amoroso coração que cativara até mesmo os vagabundos do Além, aqueles que serviam ao defunto, ex-sócio do senhor Cura. Admirava-a, mau grado seu. Porém, mantinha-se no reduto de uma demasiada altivez e não acompanhava com boas intenções os progressos amorosos que se notavam nas atitudes inequívocas do seu Diogo.

Um dia — já ia longe o Natal — a velha baronesa convidara a sobrinha a certa conversação secreta no seu gabinete, severa como invariavelmente se deixava estar. Intrigada, a menina de Casablanca aquiesceu. A palestra fora longa. Diogo inquietou-se, pressentindo desagradáveis consequências. Margarida, essa afligiu-se tanto que não teve mão em si: passou à antecâmara e pôs-se a ouvir, à porta, sem, contudo, conseguir apreender sequer uma palavra!

Quando o quarto da baronesa se abriu, dando por concluída a conferência, Aurora de lá saiu com o semblante entristecido e os formosos olhos, cor do firmamento, marejados de cristalinas lágrimas. É que a baronesa fora assaz rude. Mais que rude, impiedosa, bárbara, ao ordenar à aflita sobrinha que renunciasse às pretensões a um casamento com o seu Diogo. O destino, por sua mão, jamais anuiria a tal consórcio! Ambos paupérrimos, sem possibilidades para melhores dias no futuro, que fariam uma vez unidos? Com que quiméricos recursos contariam para constituírem um lar, se ela não trazia dote e ele não alcançaria herança? Não, mil vezes, não! Aurora não convinha a Diogo por esposa; Diogo por esposo a Aurora não convinha. Que se resignasse ela a esquecê-lo; que voltasse à Corte, onde pululavam maridos mais afortunados e apanhasse algum, enquanto era sedutora... mesmo porque Diogo estava para casar-se dentro em breve tempo com certa senhora mui respeitável, com a qual ela própria, Mariana, já entrara em entendimentos...

Fora um raio que mutilara o coração da pobre moça, o arrazoado da velha fidalga. Em vão Margarida tentava dissuadi-la e consolá-la da humilhação sofrida. Aurora nada mais fazia senão chorar a renúncia imposta ao seu estremecido afeto de tantos anos! Diogo, por sua vez, advertido igualmente pela mãe, e constrangido a olvidar seus sonhos de mancebo, desesperava-se, e parecia disposto aos maiores despautérios para não deixar escapar das mãos o único alvo de felicidade que conseguira vislumbrar: o amor de Aurora!

A tristeza retomara o Castelo. Das inocentes alegrias que o sacudiam à chegada da cativante jovem, só recordações agora persistiam. O silêncio, a lágrima e o desânimo haviam retomado os seus lugares.

No entanto, reconhecendo-se intrusa num local onde pisara animada de tão sadias quão nobres aspirações, e com o coração torturado pela desilusão insólita, a menina de Casablanca já não devia nem queria permanecer hóspede do solar de sua tia e dispunha-se a uma despedida irremediável. As bagagens já se encontravam preparadas. Mulas e carruagens encomendadas. Havia simplesmente algumas despedidas a fazer pelos arredores, coisa que tomaria, quando muito, dois a três dias apenas. Tinham-na enxotado do Castelo Negro aviltantemente! Pois bem, ela se iria para sempre! Despedaçaria o coração, morreria, talvez, de dor, ao perder Diogo, mas era altiva e contava dizer-lhe um adeus supremo! E, assim, dor, lágrimas, aflição, envolviam em suas redes tredas as duas almas gentis que palpitavam à sombra do velho solar do senhor D. André de Casablanca.

* * *

Era domingo pela manhã. Aurora partiria no terceiro dia.

A primavera entrara radiosa, repleta de gozos e perfumes. Os arvoredos do bonito parque se engrinaldavam de redivivos galhos, os tabuleiros de rosas e gerânios se enfeitaram de cores e aromas, e pelos campos a vida despertara com impetuosidade, mais fértil do que nunca!

No Castelo falava-se em mudanças para a Quinta do Algarve e punham à venda ricas prendas.

Mais apaixonado então do que sempre, Diogo recolhera-se à biblioteca amiga para, ali, sozinho, sofrer e meditar. O pobre rapaz vários dias havia que macerava o cérebro procurando inspiração para solucionar o gravíssimo problema: desposar Aurora!

Desposá-la! Não queria, não sonhava outra coisa desde a adolescência! E, como então, seu ideal único era, agora, desposar sua prima Aurora de Casablanca!

Mas... desposá-la como?... E o dote que lhe deveria oferecer ao se firmarem os ofícios, visto que era órfã e pobre? E os linhos, e as rendas, e as joias e baixelas — prendas que o último dos fidalgos oferece à desposada como deveres de noivado? De onde arrecadar tão altos cabedais se o seu próprio gibão era surrado e se nem a estufa da sua biblioteca poderia acender-se diariamente no inverno?... Associá-la à sua miséria, a ela, tão formosa e tão boa, que merecia reinar sobre uma nação, junto de um soberano, escravo do seu amor?... Envolvê-la, com o casamento, no manto funéreo de suas próprias desilusões, e ver depois se apagarem para sempre aqueles risos que eram o seu maior encanto, como vira amortalhados para todo o sempre os sorrisos dos lábios de sua mãe?... Acorrentá-la a si pelas leis do matrimônio, para depois afundá-la num recanto de província, onde a mísera avezinha já se não pudesse expandir?...

Oh, não! Arruinado, mais que isso, miserável, vencido, sem um amigo que lhe estendesse mão reanimadora, sem mesquinhos recursos que o levantassem para a consecução da vitória, sua vida era um ocaso em plena mocidade e impossibilitado se supunha, pois, de oferecer venturas àquela a quem tanto amava!

Sim! Sua mãe estava com a razão! Devia dar a Aurora liberdade, e dizer-lhe o derradeiro, supremo adeus, proporcionando-lhe, assim, ensejos de melhores partidos. Aliás, para um fidalgo em suas melindrosas condições, só serviria um matrimônio vantajoso, tal como para uma menina na situação de Aurora! O amor — oh! só podem desfrutar suas divinas explosões os que não padecem as angústias da miséria! Para possuí-lo e gozá-lo em sua formosíssima plenitude — sim! tinha razão a amarga experiência de sua pobre mãe! — é preciso não levar os dias e as noites a cuidar do que se há de comer no mês seguinte! Sua mãe tinha razão, carradas de razão! Preciso era renunciar à posse de Aurora!... Ah, Céus! A senhora D'Alcântara Fialho!...

Diogo, acabrunhado, sofria, chorava ardentes lágrimas, que lhe traziam o travo do amargor supremo. Eram deveras acerbos os seus desgostos. O aflitivo da situação, para ele insolúvel, desesperava seu generoso coração. Só, na biblioteca, incompreendido e sem voz amiga que o reanimasse à luta, sem conselheira opinião que lhe consolasse as ânsias exaustivas que lhe turbilhonavam nas profundezas do ser, dava livre curso às dores e deixava que pensamentos covardes lhe fervilhassem desesperos nos escaninhos do cérebro, quais lavas ígneas de vulcões que se enfurecem nos abismos insondáveis do solo.

Mil vezes a si mesmo repetira o desolador adeus que diria à prima, libertando-a de sua palavra jurada. Mil vezes, por meio das revoltas do pensamento, vira-a debulhar-se em lacrimosos ais, atirada em seus braços; e mil vezes beijara-a enternecido, a lhe pedir perdão da afronta, esquivando-se, ele mesmo, à liberdade que deveria oferecer!

Cismava assim, recostado na sua poltrona renascença — escárnio de riqueza à penúria que lhe resfriava o coração —, fronte pendida como de um condenado, braços distendidos em atitude de desânimo, pernas levantadas, pousadas sobre a mesa, como lhe era habitual, em horas íntimas, quando a porta de mansinho se abriu e Ricardo entrou, depois de, cerimoniosamente, como era devido a uma personagem de Aragão, haver pedido a indispensável licença. O velho servo dirigiu-se ao amo, com a ternura habitual, e exclamou:

— Meu senhor, se me dais licença, aviso-vos de que a mui nobre menina de Casablanca me ordenou vos chamasse em seu nome, a fim de convosco se entender sobre assunto de grande importância... Espera-vos no salão indiano...

Ricardo não concluíra o cerimonioso recado e já D. Diogo saltara da cadeira, transpusera a porta, galgara as escadarias em dois pulos e já se precipitara no salão em que a formosa Aurora o aguardava.

8

O MORTO FALA!

Diogo beijou-lhe sofregamente as mãozinhas finas de açucena. Seu amor se inflamara consideravelmente, desde que o reputara impossível, e transfigurava-o. Nunca Aurora se lhe apresentou tão linda, tão desejável como naquela hora, em que entre ambos considerava a existência do impossível!

Estava comovido e pálido. Que lhe diria a noiva idolatrada? Ditar-lhe-ia a renúncia, ali, antecipando-se a ele, que em si não encontrava forças suficientes para ouvi-la e curvar-se à obediência?...

Queixou-se do receio do abandono dela ao seu amor. Aurora confortou-o. Radiosa e boa como o Sol, que sabe repartir das virtudes que lhe são próprias, por onde quer que passe, que de sublimes bálsamos não encontrou a jovem enamorada para arrefecer as ânsias que agitavam o coração daquele a quem amava!...

Quando o reconheceu bastante tranquilizado para lhe poder dispensar atenção suficiente, Aurora, a adorável criatura que se diria trazer consigo uma comitiva de arcanjos, fitou-o com ingênua garridice, e, de chofre, interrogou:

— Conheces-me tu há muito, primo Diogo?...

Admirado de tal pergunta, que seria ociosa se não encerrasse, decerto, muito espírito, o jovem d'Alvarada respondeu-lhe num meio sorriso contrafeito:

— Julgo que sim, minha querida Aurora, do contrário jamais teria sonhado com as delícias da felicidade conjugal...

— Está bem... Não te pergunto se me amas, que disso tenho eu certeza, mas se me conheces há muitos anos...

— Oh, conheço-te, sim, há muitos anos, desde a infância! Sim, sim! Por Deus!

— E durante todo esse tempo descobriste, alguma vez, em minhas atitudes, insuficiências mentais, ou notícia tiveste que minha razão, algum dia, houvesse oscilado?...

— Céus! Que pretendes com tão enigmático rodeio, Aurora? Afliges-me, querida!

— Pergunto-te, primo, se tenho vivido em perfeito juízo ou se já dei, algum dia, mostras de loucura?...

— Meu Deus!... Não, Aurora! Nem eu conheço mais equilibrado caráter nem razão mais sã do que aqueles que possuis...

— Então, se assim é, poderei narrar-te um fato singular, sem receio de que zombes de mim ou duvides do bom estado de minha razão...

Diogo fitou-a com assombro, e a jovem, passando a mão pela fronte, levemente aljofrada de um suor de comoção, foi deixando o interlocutor pasmo, a cada novo parágrafo desta declaração:

— Também eu, Diogo, também eu vi a sombra de D. André de Casablanca! Vi-a! Ela me falou e eu lhe respondi!!!...

O jovem sábio deu um salto, atingido exatamente no assunto que mais o empolgava, depois da sua paixão pela prima:

— Pois quê! Tu o viste, disseste?... Ele te falou?... Tu lhe respondeste?... Como, Aurora?... De que forma, se eu mesmo nada consegui?... Oh! Mas onde se passou o fato?... Que te disse D. André?... Conta-mo, querida Aurora, conta-mo sem delongas...

Aproximou-se mais da noiva. Tomou-lhe das pequeninas mãos, e, animando-a a que se explicasse sem constrangimento, ouviu de seus lábios a curiosa exposição:

— Quando cheguei ao Castelo Negro, meu caro Diogo, logo pela manhã seguinte, a senhora minha tia observou-me que a ala direita desta habitação se achava povoada de fantasmas e, por isso, completamente separada dos demais compartimentos da esquerda. Relembrou-me que D. André de Casablanca, legando-lhe este Castelo, no próprio testamento proibira-a devassar a parte por ele habitada, sob pena de terríveis vinganças de sua alma sobre o sacrílego que lhe desobedecesse...

— Assim foi, Aurora — murmurou Diogo impressionado, pensando que já ele descobrira a galeria, e também na desgraça que, para si, seria a renúncia ao amor da própria Aurora pelos cabedais da senhora D'Alcântara Fialho.

— Minha tia proibiu-me aproximar dos compartimentos que deitam passagens para o outro lado, as quais foram pelo próprio senhor Casablanca habilmente seladas e aferrolhadas. Por sua vez, Margarida narrou-me acontecimentos absurdos que se teriam aqui desenrolado nos tempos de D. André, o qual, considerado feiticeiro, comandaria exércitos de demônios, praticando com eles toda a sorte de crimes e indignidades...

concluindo ela por asseverar que a alma do pobre senhor fora condenada e, por conseguinte, errava em destinos malditos, seduzindo e perdendo a quantos lhe caíssem nas garras...

— Suponho, querida Aurora, que logo percebeste ser toda essa enfadonha história uma grosseira lenda tecida pela ignorância a respeito da vida estudiosa e solitária do nosso pobre primo... Crê-me tu: D. André era um sábio, e não um feiticeiro, e empregava suas horas no mister sacrossanto de altas observações para fins humanitários. Ele não mereceu o repugnante ultraje lançado à sua memória!

— Não pensei coisa alguma menos boa, Diogo, não suspeitei de D. André, porque de ninguém suspeito mal. Também não dei crédito às toleimas da boa Margarida. Somente observei que alguma razão de ordem particular levaria o senhor nosso parente a vedar de tal modo a sua casa, e a mim mesma jurei não me ir deste solar sem que ficasse inteirada do que poderia existir para o lado de lá...

— Pois ousaste, tu, quando eu jamais me atrevi a sondar os mistérios referidos no testamento?!...

— E por que não deveria eu ousá-lo, ó primo?... Nunca temi as almas erradias. Vivo em boa comunhão com todas, porque as respeito, as amo, porque lhes desejo paz e desde a infância me devotei a rogar por todas elas... Por isso mesmo, não me alarmaram as ameaças de D. André e a mim jurei visitar, custasse o que custasse, a ala direita...

— E como conseguiste vê-lo e ouvi-lo?...

— Muito simplesmente! Pois foi assim: sempre que me era possível, subtraía-me à vigilância de Margarida, esgueirava-me para aquelas dependências e, levada por que não sei estranha ansiedade de penetrar o outro lado, punha-me a examinar as chapas e os ferrolhos que nosso primo mandara pregar nas portas. Não podia remover tais óbices.

Nas telas do Infinito

Em vão arranhei as mãos e calejei-as com instrumentos improvisados, tentando suspendê-los... Em vão castiguei os nós dos dedos, sondando paredes, para descobrir qualquer passagem falsa! Nada! Não podia despregar as chapas! Não descobria falsas portas! Para o outro lado, não me era possível transportar! Minha ansiedade crescia em vista das dificuldades. Sonhava, noites a fio, que D. André, presa de aflições inconsoláveis, incitava-me a levantar os ferrolhos, de qualquer forma, para desbravar seus antigos domínios. Compungia-me, no entanto, a impossibilidade de atendê-lo.

"Por quê?... Que estranho interesse me poderia mover a tão singular afã?..."

"Não havia, incitando-me, interesse particular de feição nenhuma. Se havia, seria então do próprio D. André, a repercutir em mim, pois que, em todos os meus sonhos, se apresentava, incansavelmente, a suplicar-me que o atendesse, e continuasse procurando passagem. Em mim, o que havia, era uma curiosidade insuportável, que o meu capricho entendia de mandar satisfazer..."

— Oh! Como tu és mulher, minha rica Aurora!...

— D. André de Casablanca, porém, não obstante circunspecto e sábio, teve a ingenuidade de mandar interditar suas velhas portas de carvalho, do lado onde nos achamos. Se o houvera feito do outro lado, para ao depois de lá sair por alguma passagem escusa, jamais se obteria devassá-lo. Mas não o fez.

"Ora, ontem, por um de meus exames às portas, descobri que uma delas fora violada por alguém, e oferecia por isso fácil acesso às minhas pretensões..."

Diogo estremeceu, recordando-se das experiências que levara a efeito na galeria, e interessou-se mais.

— Suspendi os ferrolhos, que apenas se achavam encostados aos encaixes; retirei os pregos falsamente colocados; magoei-me... mas abri, finalmente, a porta e, louca de alegria, atravessei o abismo que um testamento criara, certamente ditado por um raciocínio já enfraquecido pela enfermidade, para a todos nós afligir...

"Deparei, então, Diogo, com a mais nobre galeria de honra que pés habituados aos salões da Corte jamais pisaram! Atravessei-a de um extremo ao outro, um pouco a medo... Portas brasonadas, semiocultas por severos reposteiros, achavam-se à minha frente. Tomei por uma, ao acaso... devassei a habitação do famoso herege, que comandava batalhões de seres danados! Ó Diogo! Que nobre palácio! Que esplendor se me deparou nas dependências percorridas!... Ia eu de sala em sala, corria os reposteiros, abria os vitrais e encantava-me na suntuosidade do que ia examinando! Sequer sombras percebi de danosas práticas! Apenas mobiliários riquíssimos, salões, dormitórios, gabinetes, bibliotecas, laboratórios montados a rigor, coleções preciosas de tudo quanto o palácio de um monarca, de um artista ou de um sábio, pudesse orgulhar-se! É um museu de riqueza, de Arte, de Ciências e de bom gosto, a habitação de D. André! Satisfação vibrante e alegria indescritível iluminavam-me a alma e dilatavam-me o coração! Seguia-me, porém, "uma pessoa" com quem eu, de vez em quando, me entendia em palestra amável, mas na qual eu, não sei porquê, não reparara ainda, mau grado meu... Às vezes, aproximava-se tanto de mim essa "pessoa" que eu como que lhe sentia o suave calor do corpo e seu contato leve, como se delicada e discretamente me acariciasse com suas mãos de veludo... Mas eu me encontrava, por certo, num estranhável estado de abstração, pois que não tivera ainda a ideia de encarar de frente a personagem que me acompanhava e diretamente lhe falar, assim... como neste momento contigo o faço...

"Entretanto, desejando certa informação sobre importante coleção de porcelanas, cuja origem me era desconhecida totalmente, voltei-me a fim de proferir uma pergunta... e como que despertei de um singular estado de sonolência! Só então pude compreender com nitidez em que local me encontrava, e que estava absolutamente só! Mas... — pensei — não! eu não estava só! acompanhava-me alguém... e a prova disso era que não me perdera naquele labirinto de salas e gabinetes, gabinetes e salas; que o percorrera com método e inteligência quando, no entanto, era ele para mim desconhecido!"

— Oh! o que me narras é maravilhoso! — exclamou num ímpeto o jovem doutor, sorrindo satisfeito.

— A princípio fiquei atônita — continuou Aurora, estremecendo, como se no ardor da exposição de novo viesse aquele instante. — Supondo que eras tu que me acompanhavas sorrateiramente, a fim de me pregares alguma peça, quando te divertirias com meus pavores, procurei-te atrás dos reposteiros, debaixo da grande mesa e dos aparadores que sustinham as baixelas e até atrás dos vitrais que eu escancarara ao entrar. Verifiquei, porém, que estava realmente só; mas que, no entanto, havia sido acompanhada! Alarmei-me, então. Penosa sensação de angústia dominou-me os nervos. Senti que me inteiriçava o corpo a insuportável gelidez do medo. Lembrei-me das enfadonhas fábulas de Margarida e achei-as, no momento, prudentíssimas. A imagem de D. André, com seu viver solitário e enigmático, desenhou-se em minha mente. Horrorizou-me, então, a ideia de que fora ele o meu companheiro, e, aterrada, corri dali, passei, já sem os ver, salas e gabinetes, cujas portas eu escancarara distraidamente, sem as tornar a fechar; e, depois, sem me enganar, alcancei a galeria e voltei a este lado, como se houvera ressurgido de um túmulo! Deu-se ontem isso.

"Hoje despertara eu certa de que minha curiosidade fora completamente curada. Assistindo à missa na capela da aldeia, orei com fervor por D. André, e roguei-lhe perdão, muito sincero, pela desobediência praticada, acrescentando a essas rogativas um juramento de que segredo absoluto guardaria eu do quanto descobrira em sua residência. Mas... Diogo! Dir-se-ia que força superior, dominando a minha, arrastava-me a perjurar promessas, subjugando-me a vontade! Seguidas vezes resisti ao impulso que para lá me impelia. Mas essa estranha força de novo instigava-me, mais viva e imperiosa, até que, em dada ocasião, alheada de mim mesma, dirigi-me para o local que desejara evitar, e, quando de mim me apercebi, encontrava-me em plena galeria!

"Um vulto branco, à minha frente, convidava-me a ouvi-lo e segui-lo pelas escadas e corredores da grande habitação... Algo havia que me tencionava revelar... Temi-o... Hesitei... Seria de Deus aquele ser?... Tive-lhe pavor... Não concordei em obedecer-lhe...

"Então o vulto dilatou-se, apurou-se, esclareceu-se, e a figura austera de D. André de Casablanca desenhou-se, claramente, aos meus olhos paralisados de surpresa!

"— Não temas! — disse-me — Sou eu, sofro, e só tu me salvarás. Porém, és por demais frágil. Corre, chama Diogo com pressa... Se te fores do Castelo antes que vos possa falar, estarei perdido..."

— E aí tens, meu caro primo, porque fiz interromper os teus estudos: D. André chama-te à sua habitação... Estarei louca? Será ilusão dos meus sentidos? Firmemente creio que não!

Diogo, com a alma transportada pelas mais sublimes comoções, respondeu apenas, levantando-se, com estranho brilho no olhar:

— Não é ilusão, Aurora! É a verdade o que dizes! Oh! eras tu, minha querida, o veículo indispensável a esse gênero de evocação, de que falam os manuscritos... Faltava-me tu... D. André chama-me? Eu o atenderei... mas tu irás comigo!...

* * *

Sem demora seguiram, D. Diogo e sua prima Aurora, rumo à residência do antigo barão, que, mesmo após a morte, teimava em habitar sua velha fortaleza.

O grande livro sagrado das evocações, escrito em hebraico, cujas páginas eram de fitas de madeira especial e que trazia preciosa capa de tartaruga chapeada de ouro, fora transportado por D. Diogo à galeria. Para melhor burlar a vigilância das demais pessoas que com eles conviviam, queixara-se Aurora de insuportáveis enxaquecas e recolhera-se, dolorida, aos seus aposentos, ao passo que o jovem d'Alvarada, empunhando armas de caça, dispusera-se a bater as perdizes, sem qualquer outra companhia.

Haviam chegado, e Diogo tudo preparara para exercer o ministério sagrado. Fora fiel às observações dos livros que tanto venerava. O resultado dessa vez não se fez esperar. Evocada, ou antes, atendida em sua própria vontade, a sombra extraterrena de D. André de Casablanca começou a desenhar-se em traços imprecisos, ao lado de Aurora, a qual, completamente adormecida pela força de Diogo, oferecia ao fidalgo morto elementos precisos e fáceis para poder manifestar-se ao mundo. Cercava-a o traço simbólico com que certos mágicos da Antiguidade acompanhavam os ritos das evocações, a fim de se premunirem contra surpresas do exterior, círculo que teria o condão maravilhoso de facilitar o fenômeno.[16] Ao redor desse círculo, ou melhor, aos quatro cantos cardeais, dispostas do lado de fora dos traços mágicos, pequenas velas de resinas sagradas foram acesas, ao passo que o jovem operador pronunciava palavras exigidas pelo rito. E, bem próximo, a caçoila de prata deitava leves 'fumacitas' do perfumoso e espiritual incenso...[17]

Colocado em posições aconselhadas para o alto mister que executava, Diogo, diante de Aurora, entrara a falar, à proporção que a sombra, a princípio indecisa, se condensava e a imagem do barão se mostrava aos seus olhos encantados, a ele, que, naquele instante, bebia na divina taça dos grandes escolhidos, que são admitidos ao convívio dos seres que não mais habitam a Terra!

---

[16] Nota da médium: Esse círculo, simples fórmula, foi substituído pela concentração poderosa de vários médiuns em torno de uma mesa, o que, realmente, se torna uma força ativa junto ao Espírito comunicante, facilitando-lhe as manifestações, quando suas vibrações se tornam uníssonas, harmoniosas.

[17] Nota da médium: Modo de práticas antigas, que o progresso da filosofia aboliu.

Aurora, semimorta, deitada numa banqueta que seu jovem primo colocara para seu uso, no centro do círculo, era o doce veículo que permitia à pobre alma aflita transpor o abismo da morte, para se fazer compreendida. D. Diogo, pois, interrogou a sombra, agora perfeitamente nítida:

— Sois vós, D. André Luís Januário Francisco de Castanhede, barão ilustre do ramo dos Casablanca?...

Sua voz era grave, sua atitude solene e majestosa, sua alma, transportada de unção!

A voz, oh! a voz de D. André, sua voz mesma, rouca, pausada, austera como suas rígidas feições — ecoou, gradamente, aos maravilhados ouvidos de D. Diogo, que sentia a felicidade de um deus!

— Obrigado, caro Diogo, por teres concorrido ao meu chamamento. Sim! Eu, André Januário de Casablanca, falo-te!

— Eis-me, portanto, às vossas ordens, senhor! É com real satisfação que correspondo ao vosso chamamento; e se existe aqui um agradecimento a proferir-se deve ser antes o meu, pela ventura que me dais de que existis ainda, que ainda viveis, pensais e sentis!

— És nobre, Diogo de Aragão! E servindo-me, valho-me de ti para tua própria felicidade! Ouve-me: sim, existo. Sim, vivo, penso e sinto! Mas, sobretudo, sofro! E é para que suavizes minhas desditas que te desejo falar!

Diogo, comovido do fundo da alma, tornou naquele diapasão afetuoso e nobre que logo cativara o evocado:

— Lamento vossos infortúnios e deles compartilho, senhor! E farei o que desejardes. Aliás, há tempo que venho procurando falar convosco, e, se apenas hoje o consigo, bem vereis que não foi por motivos de desinteresse meu...

— Eu o sei, Diogo, e comove-me tua sinceridade. És o mais leal coração que tenho encontrado nos vastos campos em que me hei agitado! Quisera em vida melhor conhecer-te... e glorio-me, agora, do gesto que um dia tive, mandando-te educar...

— Obrigado, senhor!

— Se desejavas tu falar-me, eu, no entanto, em ânsias me agitava, por entrar em relações contigo. Foste precipitado, porém. Confiaste por demais em tuas forças pouco experimentadas. Chamavas-me tu sem atentares na possibilidade de poder ou não poder eu responder-te. Via-te eu e ouvia-te, mas tu de mim não te apercebias. E eras fraco em demasia para suprires insuficiências, impores-te a mim e obrigares-me a revelar a ti. Faltavam-nos a ambos recursos para realizar nossos desejos. Urgia auxílio estranho. Este nos chegou um dia, na radiosa pureza desta alma de santa, singela e caridosa, e que aqui vês, fornecendo-me suas essências generosas para que eu te possa falar e tu a mim consigas entender...

— Sim, vejo-vos e ouço-vos perfeitamente, senhor Casablanca, tal se fôsseis ainda meu igual... e congratulo-me comigo próprio, por merecer dos fados e de vossa generosidade tão grande mercê...

D. André interveio austero:

— Dize antes que de Deus mereceste esta graça, leviano mancebo. Vê que existe acima de nossas possibilidades, mesquinhas que são, uma sabedoria equilibrando a lei sobre que eu e tu nos apoiamos, para nos podermos avistar e falar — tu, à beira do meu túmulo, eu, debruçado ainda sobre a vida...

Pequeno interregno seguiu-se. Diogo, comovidíssimo, diante da estupenda maravilha de falar com um morto, transportara-se tanto, que pusera em vibrações contínuas as mais finas molas da alma, e deixava livre e docemente correr o pranto pelas faces; D. André, barão de Casablanca, integrado por instantes na posse de fluidos materiais, dir-se-ia perturbado; e Aurora, semimorta em sua banqueta, dava mostras de estranhos sofrimentos. Sopros de arcanjos palpitavam em derredor dos três; unção religiosa sublimava a admirável cena: era o mistério augusto do Céu que se rasgava a um venturoso mortal!

A sombra humanizada do ex-contrabandista continuou, agora envolvida em abatimentos:

— Diogo, meu filho! Eu sofro! e não encontrei na tumba a paz da morte!

— Deveras me punge o coração ouvir de vós tão lamentável confissão, senhor meu respeitável primo! Missas já foram em louvor a Deus rezadas, para que vos fossem concedidas mercês...

— Missas... oh! Missas... — fez tristemente a alma aflita do antigo castelão. — Receio muito que para nada me aproveitassem elas, Diogo! Desiludido há muito eu me encontro dos mortais para crer que nelas houvesse penhor de sincera piedade!...

D. Diogo suspirou profundamente:

— A elas assisti contrito, pensando em vós, senhor D. André!

— Eu to compreendi, meu caro Diogo, porque também lá compareci! Senti o interesse que por mim te animava e a nobreza da tua lealdade! Teus sentimentos inapreciáveis, tuas formosas qualidades atraíram-me e me fizeram para logo teu amigo... Também, no decorrer daquelas cerimônias, tu, herege chamado, foste a única entidade que se inspirou de verdadeira beneficência! Ai de mim! Que realidade acerba! Nem mesmo tua mãe, que eu tanto amei, concedeu-me contrição real!

Todos, ela inclusive, foram desleais ao sentimento de piedade, que afetavam! Todos, com ela à frente, se moviam a favor dos interesses próprios, sem concederem sincera proteção ao desgraçado que, ao seu lado, se debatia em dores!...

— Acaso, senhor — retorquiu vivamente o jovem —, acaso será a lealdade comum virtude? Não, por certo. Para que a compreenda e a exerça, é necessário ao coração ser malhado na bigorna dos infortúnios, haver sofrido horas lentas de rescaldados pesares. Necessário é que o triturar das dores nos adelgace as fibras da alma para que, então, se possa introduzir em seus meandros o perfume angelical e doce dessa virtude tão rara e preciosa como a própria dita, e apenas conhecida pelos corações já trabalhados no progredir dos sentimentos. Eu, que nunca possuí amigos, menosprezado me sinto por criaturas desleais, que em minha personalidade apenas criticam a miséria financeira que a envolve... apraza-me de ser leal porque aprendi na dor do infortúnio o segredo do sugestivo encanto dessa inestimável qualidade tão raramente praticada pelos homens!

— Ó jovem Diogo! Como tuas nobres palavras ecoam gratamente aos meus ouvidos, que já não são humanos! Sim, tens razão, meu filho, tens razão! Os homens, geralmente, são, tão só, amigos dos próprios interesses: egoístas, eis o que são! Antes de averiguarem as qualidades morais em que se deveriam estribar para consagrarem afetos a alguém, farejam eles as vantagens pessoais que desse convívio colheriam. Se foras um grã-senhor, seguido de aparatosos faustos, uma corja de bajuladores cínicos povoar-te-ia a casa, curvada a teus pés como cães servis, a incensar com hipócritas encômios os teus instintos, que seriam vis. És necessitado, porém? És humilde na solidão dos teus amargos dias? Sofres, então, o estágio do abandono em que te deixam ficar aqueles mesmos em quem mais desejaras confiar! Tuas virtudes passam despercebidas; tuas ações, que generosas poderão ser, não atraem senão indiferentes comentários, ao passo que um só amigo não virá acalentar as ânsias das tuas horas ensombradas de infortúnio, com sua presença alentadora! E tudo só porque não tens dinheiro! Tuas qualidades e virtudes não conquistaram as afeições que o ouro poderia reunir ao redor de ti!

— Ai de mim! Assim tem sido, senhor D. André! — suspirou Diogo, com infinita mágoa.

— Eis por que, meu rico Diogo, desprezei a sociedade e preferi a solidão. Fui mal compreendido em meus ideais e odiado me tornei. Não me preocupei com isso. Viver no círculo de uma sociedade hipócrita e cinicamente interesseira foi virtude a que se não amoldou jamais o meu caráter. Amigos, para mim, apenas os que se elevaram do lodaçal dos interesses vis. Talvez eu te pareça cético e minha reputação de outrora te leve ao pasmo. Todavia, não fui um cético. Um ser desiludido e humilhado, isso sim, que muito sofreu, e que procurou, nos livros e nos mares, amigos mais fiéis...

— Eu vos compreendo, senhor, e felicito-me por compartilhar de vossas opiniões e vossos sentimentos...

— Diogo... o tempo urge... esta pobre criança sofre... e não podemos sacrificá-la assim... Dize-me, meu filho: nunca tiveste amigos?...

— Nunca possuí amigos, senhor D. André!... Oh, sim, sim! Um possuí, um: vós mesmo, a cuja generosidade devo minha ilustração.

— Sofres, meu pobre Diogo?

— Pobre de mim, senhor! Eu desespero! E quando me chamastes dançava-me na mente a alucinação dos desiludidos!

— Criança! Reage contra o desespero, que para nada aproveita! Sê forte, Diogo, que a vitória é a glória dos fortes! E por que desesperas?... Amas e és amado. Em tua idade, que se almeja mais?...

— A posse do amor! E essa me é impossível!...

— Sim, isso é doloroso, bem sei, ai de mim!... Mas quem te disse que impossível é a posse do teu amor?!...

— Os fatos mo atestam, venerável amigo!

— Os que conheces... mas há fatos outros que tu ignoras...

— Como assim, senhor barão?...

— Ora pois, mancebo! Conheço a tua situação difícil e quero remediá-la, fazendo-te, ao mesmo tempo, feliz, porque tua felicidade virá ao encontro da minha própria felicidade...

— Mas... como pode ser isso, senhor meu respeitável primo?... Porventura a situação de um morto terá íntima relação com a de um homem?

— Oh! muito íntimas relações existem entre um morto e um homem, Diogo, entre aqueles que já foram também homens e a Humanidade! A morte, meu filho, é mentira infame forjada pelos escravos do atraso! O episódio de uma vida não finda sob o selo de um sepulcro! Encerrado em sua tumba, o homem renasce de suas mesmas cinzas, deslaça as prisões que o enleavam à carne e entra a viver de novo, a palpitar, a se agitar, a gozar ou a sofrer, tal qual me reconheces tu neste momento! Sim! Sim! Indissolúveis laços ligam os homens que já não existem aos que ainda estão na Terra! Oh! Mas que colheste tu dos livros sábios que te deixei?...

Um instante passou-se solene, religioso. Dir-se-ia que D. André pensava. D. Diogo d'Alvarada, esse, abismava-se no seio dessa maravilha que ultrapassara suas pretensões.

A sombra humanizada aproximou-se mais do limite traçado em círculo e encontrava-se agora tão próxima do jovem sábio que este, transportado ao cúmulo da surpresa, sentiu a morna temperatura do estranho corpo tomado às essências que lhe emprestava Aurora, caída em transe.

Bruscamente, tocando-lhe o braço num gesto leve, falou a triste alma do contrabandista:

— Ouve-me, Diogo...

— Ouço-vos, D. André...

— Neste castelo grandioso, relíquia de minha acidentada vida, que por legado meu pertence a ti e a tua mãe... há um tesouro oculto!!!

— Senhor! — vibrou, surpreso, D. Diogo.

— Sim, Diogo d'Alvarada! Um tesouro incalculável de riquezas, assombroso, feérico, por mim adquirido em longínquas e arriscadíssimas viagens, e por mim mesmo aqui oculto por um requinte de sórdida avareza! Jamais tiveste amigos? Debruço-me sobre a vida e de Além-Túmulo, clamo-te: em mim encontrarás tu, mancebo, o amigo que os homens te negaram!

"Jamais amiga mão se te ofereceu em solidário amparo, arrancando-te às angústias de mil tribulações? Reajo eu contra a própria morte, venço as barreiras que se interpõem entre o túmulo e a vida, e a minha destra te estendo em sincera proteção! És paupérrimo, sofres porque amas, e crês impossível teu augusto sonho de felicidade? Eu, que amei, sem ser amado, surjo de Além-morte à tua frente para afiançar-te — enganas-te, generoso mancebo! Teu sonho é realizável, sim! Quero e posso para isso contribuir e declaro-te: acolá, no cimo daquela imensa torre que negreja ao Norte, sobre os tredos abismos do grande mar — existe, encrustado em caprichosos armários cavados nas lajes destas velhas muralhas, um tesouro incalculável! Esse tesouro dou-te eu, porque é meu, pertence-me, e já não quero possuí-lo! Torno-te feliz, ofertando-te. Feliz me tornarei por desvencilhar-me dele!..."

Nas telas do Infinito

Pausa rápida fez o fidalgo evocado e logo prosseguiu, vacilante e sucumbido de angústia:

— Ó Diogo! Aquelas gemas escaldam minha consciência e os fulgores do seu incomparável esplendor rebrilham sinistramente, dentro de minha alma, convertendo em tormento inconsolável o meu existir além da morte! Ah! longe destas plagas, que me encontre eu; através de longínquos oceanos que continuo visitando em minha sede nunca extinta de conhecimento; deleitado com visões futuras que arrebatam minhas faculdades de sentir e de imaginar, convidando-as a se dilatarem para conquistas gloriosas, nos planos da Espiritualidade, ai de mim, Diogo! Por toda a parte em que me agite — o brilho causticante deste fatal tesouro aqui paralisado castiga-me com sua visão macabra, atraindo-me para o local que me tornou maldito! Sou forçado, mau grado meu, a prender-me nesta torre, onde o escondi! Prisioneiro seu tornei-me, supliciado pelas mesmas armas que noutros tempos fizeram o meu deleite! Quero agitar-me, meu caro Diogo, tenho necessidade de varrer os Espaços para desapegar-me de recordações acerbas, que me ferem ainda o compungido ser! Quero buscar novas luzes e horizontes novos desvendar na alcandorada estrada da evolução! Quero, na linfa pura da verdade, dessedentar minha alma, sequiosa de conhecimentos vastos, e paz achar em louras regiões beijadas por aquele amor que não consegui encontrar na Terra! Pobre, infeliz, mísero que sou: tolhem-me as asas férreas cadeias forjadas nas radiações daqueles cabedais que acolá faíscam riquezas num ousado gargalhar de cínicas vinganças!... Meu Deus! Meu Deus!... O peso do meu crime de avareza esmaga-me os dons que me deviam ajudar nas conquistas do Infinito!... Ó Deus onipotente! Por que, sendo eu no mundo só, e já bastante poderoso, me cobri de soezes ambições e desejei mais ouro?... Por que inspiração de maléficas e satânicas paixões, avarento me fiz? Por que, já que possuía riquezas, não as reparti, na minha hora extrema, ao menos com meus próprios parentes? Onde a razão que me assistiu para — entesourando estes esplendorosos cabedais que hoje me torturam — derramar tantas lágrimas de alheios olhos, exigir de estranhos braços tantas fadigas mal remuneradas e tantos suores extorquir de pobres frontes — bem mais dignas que a minha, curvadas, no entanto, sob mortificantes labores?... Por que, meu Deus, defraudei? Por que lesei justiceiros direitos de minha pátria?... Ó pobres e singelos nativos de Santa Cruz! Perdão! Perdão! Perdão! Ó simplórios pescadores das Índias, que dos seios dos mares arrancastes fabulosos tesouros para o meu regalo! Ó tristes caçadores da África, que afrontáveis a morte para o gozo de minhas vaidades! Mercadores da Pérsia, arquivistas do Egito, droguistas da Ásia, artistas da Grécia, perfumistas e gênios da Itália — cem vezes aos vossos pés minha alma se roja a beijar o chão que pisais —, porque vos enganei a todos, a todos menti, a todos vós prejudiquei com meus insaciáveis tentáculos!

"E tudo isso para quê?...

"Apenas pelo gozo vil da posse!

"O macho selvagem, vencendo a fêmea, nunca foi tão ferozmente bruto como eu a mim próprio considero, ocultando tais riquezas sem movimentá-la em benefício alheio!

"Crianças há que atravessam invernos sem lume e velhos que tiritam à beira das estradas, sem hospitaleiro abrigo. E no Castelo Negro, no entanto, enquanto a desolação desfila à sua frente, ferindo velhos e crianças — no Castelo Negro um tesouro existe, inutilmente grande, que poderia socorrer a uma população inteira, por alguns pares de bons anos!...

"Chega o inverno e a neve estiola os campos. Não há trabalho. O lavrador padece à míngua dos recursos. O aldeão se aflige com a renitência do horrível tempo. O operário para com seus misteres porque o dinheiro não circula a fim de compensá-lo. A fome, a lágrima, a angústia e a miséria dominam, enquanto a neve cai! E, no entanto, meu Deus, o ouro existe aqui, paralisado nos meus cofres! Não dei trabalho com ele aos que carecem de ganhar o pão!...

"Que infernal demência me prostituiu o cérebro, Diogo, para assim esterilizar riquezas, quando deveria fundar com elas casas de trabalho que a estes desgraçados sustentassem no inverno, ao menos?...

"A mulher por mim amada, abandonada e só, padece o frio do infortúnio, e mil revoltantes humilhações no próprio Solar que, por legado, lhe deixei, sem suspeitar que o legado foi a vingança do meu despeito, e que, por isso, enquanto ela mesma sofre — a alma desditosa daquele que lhe jurou eterno amor revolve-se no trágico remorso de lhe não haver também mostrado, à hora extrema, os bens que, longe dela, e por seu nome suspirando, conquistou!

"Sofro, Diogo, e arrependo-me! Os cabedais acumulados nesta ala que habitei e o remorso de minha vil paixão enlouqueceram-me o espírito! Quero desfazer-me deles! Odeio-os! Não lhes suportando a presença, vejo-me forçado, no entanto, a vigiá-los como o cão que ronda a casa do seu dono; a contemplá-los, a esquadrinhá-los, a revolvê-los, enquanto desfilam à minha frente os vultos tristes daqueles que enganei para ajuntar os cabedais, a par dos mais tristes vultos da pobreza atingida pelas garras da miséria — sentindo, nesse atroz suplício a que me obrigo, todo o castigo da minha feia ambição!

"Para deles desfazer-me é que vos tenho atormentado a calma do viver, com minhas aparições audaciosas. Atraía-vos até os limites desta nobre galeria, a fim de que compreendêsseis os desejos que me afligiam, a fim de que penetrásseis nesta ala e vos apossásseis do que nela se encontra. Não me ofertem missas: aceitem-me antes este tesouro! Desesperava eu por me não compreenderdes, e previamente já me condenara a um suplício imorredouro... quando Aurora aqui entrou, empunhando para mim os fachos da esperança! Ela foi caridosa e ouviu-me — réstia de luz na treva do galé, fragilidade que protegeu a força, beijo materno na escaldante fronte de aflito moribundo...

"Eis por que eu te chamei à pressa. Socorre-me tu, Diogo! De meus ombros arreda — bendito Cireneu — a pesada cruz que para mim têm sido estas riquezas! Aceita-as, tu! Quero dar-tas! Aceita-mas e alivia-me, assim, dos abrasadores fogos que me requeimam a castigada consciência..."

O aflito ser derramava prantos amaríssimos, os quais caíam na alma sensitiva de D. Diogo, amargurando-a, e ao mesmo tempo espantando-o pela sua intensidade.

As aflições do fidalgo morto pareciam, com efeito, insuportáveis, e tão humilhante confissão enchia de profunda piedade o coração do jovem d'Alvarada. Nunca, antes dessa hora, fora possível supor ao namorado de Aurora que um Castanhede e Casablanca rojasse por terra o orgulho de cinco séculos de nobreza para confessar-se um celerado desprezível a si próprio!

Comovido, proferiu D. Diogo, com seu moreno rosto banhado em pranto, este alvitre, que lhe pareceu a solução mais simples:

— Ordenai, senhor, e obedecerei: dizei-me que arroje esse tesouro pelas insondáveis profundezas do grande mar e, mesmo sem tocá-lo, prontamente o arrojarei!

— Não, não! Não é isso que deverás fazer para me ajudar — contrariou vivamente a entidade. — Essa infernal tarântula enredou-me tanto em suas teias que, agora, a fim de libertar-me de suas atrações, precisarei pesar atos, pensamentos e atitudes. Nas profundezas ocultas do grande mar eu o buscaria ainda, reunindo uma a uma as parcelas que o compõem! Vejo-me ligado a ele como o feto ao óvulo que o gerou! Seu maléfico refulgir venceria a massa esmeraldina das águas; espraiar-se-ia pelos ares; refletir-se-ia através dos espaços sem limites à procura da minha consciência; e, se no próprio esplendor celeste eu me encontrasse, bem-aventurado no seio do Onipotente — de lá mesmo me arrastaria, inflexível, para atirar-me à sua frente e suplicar minhas faculdades com a sua contemplação abominável!

— Que fazer, então?

— Já te direi: uma parte desse tesouro será tua. A outra pertence aos desgraçados. Existem no meu tesouro duas entidades distintas: a minha, oriunda dos meus próprios labores, fadigas e perseverança; e a dos desgraçados servidores que explorei, a fim de mais comodamente adquiri-lo. Passará às tuas mãos o que for meu; darás tu, por mim, aos desgraçados, o que aos deserdados deve pertencer. Há crianças que padecem frio, fome e que carecem de educação. Há pobres velhos engelhados por doenças e desilusões. Há lágrimas de aflitas mulheres a enxugar. Há mancebos e donzelas que urge se desviem de caminhos malsinados. Fica tu, Diogo, com o que te dou. Mas, pelo nome sacrossanto do Altíssimo eu te peço, em memória do que te exponho e daqueles a quem explorei: a outra parte emprega tu, por mim, em socorrer essas míseras crianças, em agasalhar esses vacilantes velhos, em amenizar as loucas angústias dessas infelizes mulheres e nortear essa juventude sem amparo!

"BENEFICÊNCIA! — eis o que te suplico faças com as riquezas por mim acumuladas nos cofres da avareza, generoso mancebo!

"BENEFICÊNCIA! — eis o que anseia ver fulgir, ao lado do ouro que foi meu, a minha alma agrilhoada no sudário do arrependimento! Dá, tu, à minha consciência desolada, o refrigério augusto de espalhar com os meus imensos cabedais — o bem, o amor, a paz, a proteção, o auxílio amigo que ameniza dores e amarguras suaviza! Repara com a beneficência o mal que meu egoísmo praticou, Diogo! E que minhas lágrimas se estanquem e minha consciência possa dulcificar-se na contemplação de crianças risonhas, de velhos amparados, de mulheres satisfeitas e de mancebos e donzelas dignificados — bendizendo todos o nome do infeliz que os esqueceu em vida, mas que deles se lembrou em Além-morte, daquele que, pensando neles, ao mundo torna para remir-se, consolando-os!"

— Ó D. André de Casablanca! — exclamou num transporte, impotente para se conter, Diogo, no auge da comoção — Descansai na vossa tumba! Enxugai as calcinantes lágrimas que requeimam vossa aflita alma! Confiai nos meus protestos! Vossos desejos, vossas ordens são sacrossantos mandatos para mim! É pelo nome do Altíssimo, e sobre as vossas sagradas cinzas, que eu agora mais venero do que dantes, que vos juro: vossos bens serão dados aos que padecem!

Então, em meio dessa solenidade augusta, uma cena incrível — maravilhosa, fúnebre, sublime ou fantástica? — seguiu-se entre as estranhas personagens, na grande galeria indecisamente aclarada pela luz irisada e morna coada dos vitrais.

A sombra do evocado transpôs, imperiosa e forte, desobedecendo as sagradas regras, e desprezando os protestos do operador, o círculo mágico. Arrastou atrás de si Aurora adormecida, como um satélite atrás do seu motriz. Pálida e fria já não era bem a rosada criatura que a todos encantava com a graça das próprias qualidades, mas apenas o autômato escravo das irresistíveis ordens de um morto.

— Que fazeis, senhor, por Deus! — proferiu desvairado o jovem doutor, que nos livros sagrados não aprendera a prever um acontecimento igual. — Desgraçais-me e desgraçais Aurora!...

— Pobre criança! — respondeu docemente, e compassivo, o antigo contrabandista, serenando o alarme de D. Diogo. — Acalma-te e segue-me... Não há cá perigos iminentes e sei eu de que forma opero... Julgaste porventura, meu Diogo, ser possível às forças humanas se imporem a uma alma livre e tolhê-la, se lhe assistem elevados direitos e se o bem é o seu móvel único?... Segue-me, pois, e acalma-te...

O cortejo formou-se: D. André à frente, esguio, grave, pensativo, tal como em vida o fora; Aurora após; Diogo, como que suspenso num fantástico sonho, atrás da prima, fechando a estranha comitiva...

Às ordens de D. André, Diogo passava à frente e abria portas. Atravessaram salas e corredores. Desceram escadarias. Transpuseram galerias. D. André, silencioso, mas aflito; Aurora, em transe; D. Diogo de Aragão, reverente e comovido.

Chegaram ao subsolo, onde o ar era pesado e irrespirável. Ali, a sombra humanizada, vigilante, exclamou:

— À tua esquerda há tochas penduradas à parede e pedras para o lume. Tu precisas delas. Acende uma, D. Diogo...

Respeitoso, o noivo de Aurora obedeceu: encontrou a tocha e fez o lume.

Desceram mais. À luz sinistra da resina que estalava ao se queimar, D. Diogo, apavorado, observava através dos corredores úmidos, povoados de animais repugnantes, as sombrias portas de antigas masmorras, algumas das quais, escancaradas para trás, deixaram ver seu negro interior onde, por certo, outrora, vidas preciosas haviam-se extinguido em lentos desesperos!

No entanto, desciam sempre. O ar, agora, era penoso a D. Diogo, que sentia náuseas sob o fétido insuportável que o calor e a umidade produzem através dos anos. Finalmente, o antigo senhor de Castanhede e Casablanca falou, chegando a uma espécie de sala arredondada, onde fora dar a última escada, que desceram:

— Acolá, oculta entre aquele montão de pedras à tua direita, há uma alavanca. Traze-ma, Diogo...

De novo o mancebo obedeceu como se, fora de si, fosse, como Aurora, domado por vontade superior.

— Conta três degraus dessa escada que, aqui... à tua frente... sobe para secretos corredores... Vamos! Um... dois... três!... Toma, agora, da alavanca... assim, Diogo!... Oh! não hesites tanto! Avia-te, mancebo!

Meu Deus! Por que não posso eu agir como fazia outrora?... Pega da alavanca... Mete-a aqui, abaixo do terceiro degrau... Força, Diogo! Tens que deslocar o degrau inteiro... e a umidade, circundando-o de limo, pegou-o fortemente aos seus vizinhos... Força! que a laje é dura! Mais força, menino de salão! Avia-te, que tua Aurora já se ressente de cansaço!... Oh! ei-lo que salta! Muito bem! Aproxima a tocha... Vês esta caixa de ferro aqui oculta, neste inferno de esconderijo que jamais mortal algum descobriria?...

— Oh! Está aqui o tesouro?

— Ainda não, filho, ai de mim! Esta caixa contém apenas as chaves dos cofres, o segredo com que, só com ele, se poderiam desferrolhar os armários incrustados nas muralhas da grande torre!

— Pobre D. André! Começo a compreender, agora, as grandes aflições que o alucinavam nas solidões do túmulo! — balbuciou, impressionado, o jovem castelão, de si para consigo.

— Sim! — vibrou a sombra do avarento, captando-lhe as impressões. — Pobre, mísero que sou! Jamais compreenderias tu, mancebo, a intensidade de minhas angústias ao lembrar-me de que semelhante esconderijo nunca seria suspeitado por alguém! Achá-lo-iam, apenas, se porventura demolissem a fortaleza e se deslocassem, uma a uma, as lajes dos seus profundos alicerces! Mas esperaria eu essa resolução dos séculos? E se não a demolissem, jamais, e se, por um dia de tempestades violentas, enfurecido raio a atingisse, derribando suas torres, precipitando-as nos abismos do oceano? O meu fatal tesouro precipitar-se-ia com ela, soçobraria no seio verde das águas e a ninguém aproveitaria, lançando-me em eterna maldição!

"Eram estes os meus pungentes receios. Minhas aflições cresciam dia a dia. Roguei a Deus, vibrando em dores de arrependimento, que abrandasse meu atroz martírio, concedendo-me ensejo de reparar os males por mim próprio acumulados. Que levasse em conta sua misericórdia a dureza das lições por mim sofridas — profundo castigo aos meus imprudentes gestos de egoísta. Que alguém, levado por anjos assistentes, sonhasse sua existência e desvendasse o segredo! Que esse alguém dele se apossasse, que se servisse de suas reais vantagens para, assim, aliviar o peso insuportável que esmagava minha consciência! E tanto chorei e me afligi alucinado, triste e humilhado, conhecedor do meu erro, que o eterno Deus ouviu minhas invocações e me enviou o socorro necessário.

"Minha santa e augusta mãe — bem-amado amor que eu cedo perdera, na primeira juventude — apareceu-me um dia, aureolada de olentes rosas, envolta em puras e celestiais claridades. Deslumbrei-me ao vê-la, como se a plenitude do Céu já atingira o meu atribulado Espírito. Acolheu-me piedosamente — mãe que fora, santa que ainda é, aflito que me viu! Estancou-me o pranto com altos e prudentíssimos conselhos; adoçou-me as chamas furiosas da paixão com sussurros de esperança; acalentou-me bramidos de revolta, com a certeza que me deu de dias menos envenenados pelo desespero, pois o bom Deus ouvira meus brados lancinantes de arrependido e me enviara ela — minha doce e amada mãe — para guiar-me em estradas novas, para desligar, com sua proteção, as correntes infamantes das galés de ouro que à Terra me retinham como escravo!

"Disse-me: 'vai, meu filho! Implora, tu mesmo, àqueles que te conheceram, aos que amaste, o socorro de que careces. Para se libertar da consequência de um erro a criatura, é preciso que o mesmo erro ela destrua por inteiro! Vai! Mostra-te a alguém. Convida esse alguém a que tenha a piedade de ouvir-te. Fala-lhe. Age tu. O trabalho ser-te-á penoso, árduo como se, com as próprias unhas, deveras demolir o teu Castelo, para desvendares a olhos humanos o teu sacrílego segredo! É preciso que o faças. Hás de gemer e ranger os dentes diante das barreiras que encontrarás, pois é preciso que um abismo atravesses — da morte à vida —, a fim de que te compreendam. É indispensável! Carecerás de paciência, a augusta paciência dos pobres mártires. Tê-la-ás, meu filho, desde que também a tiveste para amontoares esses mesmos cabedais que te perderam! Tê-la-ás, sim, porque outro remédio não haverá se não na tiveres; e para o irremediável melhor será o que a lógica ordena a fazer-se: resignar-se! O que o homem de mau comete, o próprio homem há de anular. Passarão, muitas vezes, séculos, nessas reparações indispensáveis. Mas o mal praticado há de ser reparado, apesar do tempo e à custa, embora, de duros sacrifícios. Isso é da Lei. E por ser da Lei, remédio não há se não nos curvarmos aos fatos, do contrário, eterno conflito existirá em nossa consciência, e uma consciência conflagrada bem vês que não é coisa que se suporte durante muito tempo...

"'Tu, felizmente, desde agora poderás começar a reparar teu caso, o que de alguma forma te evitará cruas lágrimas no porvir... Remedeia-o, portanto, quanto antes, por ti mesmo. É preciso que tornes aos humanos e os convenças a te darem crédito. Encontrarás criaturas generosas que te ouvirão e se interessarão por ti, dispondo-se a ajudar-te. Vai! O mais penoso é o abismo que precisarás transpor. No entanto, terás de fazê-lo, se quiseres com mais presteza suavizar as ânsias que te consomem...'

"E como conseguirei vencê-lo, minha mãe, a esse abismo — observei-lhe aflito —, se falo e ninguém me ouve, se peço e ninguém me favorece, se me mostro e fogem todos, execrando-me? Não sabeis, senhora, que esses a quem amei ignoram as coisas de Além-morte, aferrados a crenças fofas, superficiais, que os afastam das verdades do Espírito? Ai de mim! Condenado, então, estarei para todo o sempre ao suplício desta infernal prisão!

"'Pede a Deus mais forças, meu filho, e Deus tas enviará — tornou-me com brandura —, pois és sincero. Age com fé e desassombro. Insiste. Expõe-te como se homem ainda foras e conseguirás, finalmente, os teus intentos!'

"Ah, Diogo! Vós, tu e Aurora, mocidade nobre e idealista, almas generosas, destituídas de mesquinhos preconceitos — ouvistes-me por meio das ardentes fúrias de onde, debatendo-me, eu vos pedia piedade! Não fora a tua generosidade, compadecendo-se do infeliz cuja memória se tornou execrada, e tua sabedoria aclarada pelos reflexos da luz onipotente do Invisível — e o meu martírio sem tréguas se prolongaria, quiçá através dos séculos! Teu nobre gesto ouvindo-me; teus conhecimentos preciosos sobre a vida oculta do Além, concorrendo com superiores, sublimes recursos para me atenderes — suavizarão a trajetória que intentarei para o futuro, quando se me tornar preciso — *ser de novo homem, renascer de um materno ventre para, de novo, possuindo muito ouro, e arriscando-me, assim, à avareza uma outra vez — dela corrigir-me aplicando melhor os cabedais que acabo de aviltar!*

"Deus vos abençoe, caridosa juventude! Eu sou o faminto que tu e Aurora saciais! Era o desesperado, sequioso viandante, já sem norte e sem esperanças — e sois vós a linfa preciosa que me acalmais as ardências da jornada! Era o galé vencido sob as garras dos remorsos assassinos e vós ambos, quais doces anjos de misericórdia, viestes desatar os grilhões que me chumbavam à ignomínia da escravidão!

"Abençoados, abençoados sejais!"

E cadeados e chaves foram retirados de pequeno cofre, a laje recolocada em seu lugar. D. André, com os dedos imateriais, finos, níveos, do seu corpo temporariamente materializado, os quais Diogo não ousava tocar, mostrou-lhe, à rubra luz da tocha, caracteres árabes gravados em determinadas partes dos complicados cadeados, caracteres esses que, depois de encaixados em outras metades, que se encontravam acolá, nas fechaduras dos esconderijos da torre, formariam a frase sacramental, o segredo com o qual se poderiam remover os infernais armários que a humanos olhos encobriam as famosas relíquias.

— Podes tu ler este enigma, caro Diogo? — interrogou, quase a sorrir, o atribulado ser.

— Impossível, senhor meu primo! Faltam aqui sílabas, palavras inteiras!...

— Sim, impossível! Aqui apenas se encontra parte da frase mágica que abre o segredo dos meus cofres. É a metade de um poema, Diogo, as sílabas soltas que tens diante de ti... Acolá, na torre, há outra metade deste mesmo cadeado, incrustada em local inconcebível! Encaixarás esta parte em sua gêmea... farás pacientemente girar os tambores de ambas, juntando, umas às outras, as letras que irão passando... até que formes este singular poema que constituiu toda a dolorosa história de minha solitária vida:

"André—Mariana—grato—sonho—de—amor—que—o—sopro—ardente—do—destino—desgraçou..."

9

O TESOURO DO CASTELO

Voltaram, tornando pelos mesmos sinistros corredores, que dantes haviam impressionado o sensitivo Diogo, D. André à frente, cada vez mais vaporoso em sua momentânea forma, Aurora arrastada como seu satélite, e Diogo, enfim, levado ao apogeu da comoção.

Agora subiam por novos caminhos em demanda da torre. A escalada era penosa para Aurora, que se movia por ação estranha, e para o ex-contrabandista, que chamava a si paciência jamais sonhada, a fim de conseguir seu importante intento. Subiam sempre. Novas salas atravessaram... Novos corredores, que mais rapidamente os conduzissem ao procurado local. Subiram, ainda, e, finalmente, uma sala tosca, de pequenas dimensões, apresentou-se aos olhos de Diogo. Achavam-se no ápice da grande torre. Acima deles, apenas os minaretes e as seteiras. Abaixo, numa extensão a se perder de vista, o mar bravio e temeroso. Suspensa no abismo, a torre dir-se-ia querer precipitar-se a cada instante por sobre as penedias açoitadas pelas vagas.

Diogo, impressionado, julgava-se imerso em sonho. Porém, a voz grave e rouca do ex-fidalgo encantou-lhe novamente a audição, na maravilha da sua realidade:

— Chegamos... Vem, meu Diogo, apressemo-nos, que os recursos de que disponho se esgotam... Ó meu Deus! Meu Deus! Permiti vós, Senhor, que o mísero culpado possa lavar a nódoa infame que lhe tolda o brilhar da consciência!...

A sombra do avarento dava mostras de ansiedade e aflição. D. Diogo, nervoso e comovido, aproximou-se com sofreguidão, esquecendo-se de que tratava com um ser do outro plano da vida. Uma porta, fortemente chapeada a ferro, foi aberta pelo jovem d'Alvarada, com as indicações da entidade guiadora. Penetraram um frio gabinete inteiramente lajeado de grandes quadrados de pedra, quer no solo, quer pelas paredes. Uma 'janelita' cortada à altura de um homem, gradeada de possantes varais de ferro, era a única abertura que permitia àquela cela um fragmento do aroma da vida. Respirava-se mal, ali. O gabinete era sinistro. Diogo, pela primeira vez, durante sua apoteótica aventura, sentiu penosas e insuportáveis impressões. Dir-se-ia aquilo um túmulo. Era, no entanto, com certeza, um hórrido antro. Ao centro, uma mesa baixa e rústica e uma poltrona já de estofos gastos. Nessa mesa um odre, ainda pelo meio, do seu bom vinho, e um canjirão em que se encontravam restos não tragados. Cruel angústia despedaçava o seio delicado do jovem sábio. Estranho terror arrancou de sua nobre fronte de idealista bagas de gélidos suores. D. André, porém, reconhecendo-lhe as impressões, disse com doçura comovente:

— Descansa. Não existem por aqui seres maléficos. Há, apenas, a minha pobre alma aflita, que estremece, fibra a fibra, ao contato deste terrível gabinete! São minhas as angústias que experimentas. Meus são também os terrores que te chocam...

"Oh! — continuou com amargura — eis aqui a prisão que me mantém chumbado à sua escravatura! Minha alma jaz colada aqui, Diogo, ao longo destas lajes que se aprumam na parede, à tua esquerda! Por trás delas, sinistramente rebrilha o meu fatal tesouro — ai! o meu verdugo implacável! Não mo encobrem as lajes... Vejo-o... e seus fulgores despedaçam a minha desgraçada consciência! Ah, Diogo! aqui, nesta sala abominável, que te fala de crimes e assassínios, cuja atmosfera perturba a placidez augusta da tua mente virtuosa — vinha eu aprazer-me longas horas, só com minhas ambições, na volúpia rescaldada da contemplação daquilo que para aqui trouxera! Sobre esta mesa derramava as gemas, o ouro, a prata, o marfim, cujo contato me fazia acender o gozo e acelerava o sangue nas artérias, como se tocado eu me visse por ardências amorosas! Depois do meu amor por tua mãe, esta foi a minha feroz e singular paixão. Os gozos que o amor me negou, concedeu-mos a posse dos meus tesouros! Aqui passei dias e noites de execradas delícias!... Vês estes odres, estes canjirões ainda com restos de ardentes líquidos?... Falar-te-ão de horas que passei saudando minhas prendas, que, hoje, quais amantes dissolutas, reconhecendo-me vencido, riem-se de mim, gargalhando vinganças vis, que me desesperam, me enlouquecem, me aniquilam! Diogo, ó Diogo! Não posso mais! Preciso sair daqui! Preciso riscar de minha conflagrada mente este castelo, estas coleções de Arte, esta sala, estas lajes, oh! esta riqueza infame — para que minha alma não se perca pela consumação dos evos, maldizendo o instante em que saiu das mãos do Criador!..."

Pequena pausa fez, como se um dorido soluço o interrompesse, e continuou, enquanto o jovem de Aragão o ouviu e lhe obedeceu:

— Vamos, achega-te a mim, caro Diogo, neste ângulo. Conta a quinta laje a partir da porta, bem à frente do portal esquerdo... Assim... É essa mesma! Toma da alavanca que vês além, entre aqueles espadagões quebrados, jogados àquele canto... Avia-te, mancebo, que o bloco é duro e avantajado!... Bem... Ei-lo que se despega... Remove-o daí... isso!... Vês, no lugar da laje, essa prancha de ferro com um orifício ao centro? É um alçapão, uma passagem. Toma a maior das quatro chaves que trazes e abre com três voltas o alçapão... Muito bem, bravos!... O alçapão não se afunda, dobra-se, e três degraus se apresentam, deitando para um cubículo... Desçamos... Aqui está, Diogo, encoberto a todas as vistas humanas, o infernal maquinismo que aciona as portas dos meus armários... Roda à direita e à esquerda, simultaneamente, os florões que aqui vês, sobre esta placa de ferro cravada na muralha... eis que se move oculta mola e abre--se a placa, deixando ver outra placa com esquisitas aberturas, enquanto outras metades de cadeados se mostram pendentes... Encaixa nessas aberturas as metades que trazes e une-as umas às outras... Bem vês que se completam, agora, os cadeados... Mas... ó Diogo, acalma-te! Não tremas, mancebo, que tua agitação te faz vacilar e nos leva a perder um tempo precioso. Encaixaste-os?... Bem... Toma das três chaves menores... eis aí as fechaduras, acima dos cadeados... Dá, em cada chave, três voltas à esquerda... roda, em seguida, os tambores dos cadeados... já conheces a frase mágica... terás tão só o trabalho de juntar as sílabas... assim... assim... Está completo o meu poema: "André—Mariana—grato—sonho—de—amor—que—o—sopro—ardente—do—destino—desgraçou..." Ó meu Deus! Meu Deus! Louvado sejais, Senhor meu Deus! Eis desvendado o segredo do meu martírio de Além-tumba! Eis que se desatam os grilhões que me chumbavam ao patíbulo dos remorsos!... Está aberto, Diogo, está aberto! Obrigado, meu filho! Cem vezes obrigado, Aurora, alma singela e afetiva, que se encheu de bastante paciência para transmitir a pobre voz vibrada do Além!...

Com efeito, na saleta acima, em toda a extensão da parede, ao lado esquerdo, abria-se enorme porta chapeada de ferro, que as lajes disfarçavam, deixando a descoberto, incrustado na muralha, um grande armário de largas prateleiras. Nessas prateleiras, sacos, potes de ferro, tachos de cobre, cofres de madeira chapeados de bronze ou ainda de ferro; caixas, arcas, destacavam-se cuidadosamente dispostos. Diogo olhava estupefato, enquanto a alma do contrabandista, colimando seus ardentíssimos desejos, vibrava ainda, pela última vez:

— Eis aí o meu tesouro! — disse, apontando as abarrotadas prateleiras, com seu braço ainda recoberto das rendas e cadeias que em vida usara. — Os esplendores que te feriram a vista na ala que habitei, nada representam ao lado disto! São as pérolas do Oriente, as esmeraldas da Índia, joias da Pérsia, os diamantes e o ouro do Brasil, o belo marfim da

África — mil e uma variedades de pedras preciosas de todos os países, o ouro, a prata; em pó, em barras, cunhados, amoedados, burilados em baixelas, em objetos e utensílios de um valor incomparável — tudo o que os meus tentáculos de polvo ambicioso puderam absorver! Eis aí o que ontem me fez ditoso! Eis aí o que hoje me desgraça, roubando no Além-túmulo a paz de minha ulcerada consciência! Porém, meu filho, de tudo o que me pertenceu, a coisa única que de real valor te lego — oh! não são estas riquezas materiais, oriundas da minha miséria moral! Estas desaparecerão um dia, batidas pelo tempo e pelo esquecimento! O tesouro imperecível que te lego, esse, que viverá através dos séculos, desafiando a morte e impondo-se no Além — é a sabedoria com que alcandoraste a mente, debruçado sobre as obras sagradas da minha biblioteca, Diogo! É o arquivo precioso de Ciências secretas, que iluminaram tua alma generosa, revelando-te as Leis Divinas — sobre as quais assenta a possibilidade de se falar com os mortos! Também essa biblioteca é tua! Desse tesouro incalculável de riquezas imortais, que o Céu acata e respeita — único verdadeiro que encontraste no meu solitário abrigo —, dá tu também, mancebo, aos outros, predestinando-os, com seus ensinos magníficentes, ao elevado mister de desvendar os segredos de Além-morte para, a tempo, como tu, neste momento, enxugarem lágrimas ardentes de ardentíssimos remorsos! Que fora de mim, Diogo, se não existisse na ala esquerda do meu Castelo essa biblioteca benemérita? Oh! que períodos cruciantes e inconsoláveis sofreria o meu Espírito desgraçado, à espera de uma volta à Terra a fim de reparar os nefandos crimes da avareza! No entanto, essa espera, agora, se efetuará sem lágrimas, operosamente, ao vigor dos progressos novos que já palpitam em meus sentidos espirituais!

"Tudo isso é teu, Diogo d'Alvarada! Tudo eu deposito em tuas mãos para que, tanto quanto te seja possível, exerças, em memória de minha alma, e pelo nome sagrado do Altíssimo, a beneficência que não fiz, porque só assim lograrei liberdade em minha tumba para tentar ingresso em estradas redentoras! Não te esqueças das crianças que choram à míngua de recursos, dos velhos que tiritam, das mulheres que padecem, da juventude sem amparo, dos homens sem trabalho! Lembra-te do suplício atroz que me exasperou, pelos esquecer! Lembra-te de que tanto sofri e me agitei em virtude desse esquecimento; e que, desesperado, me foi preciso atravessar o abismo que se estende da morte à vida para, entre lágrimas, rogar a um homem que me socorresse! Vai pois! O tesouro é teu! Deponho-o em tuas mãos e em ti confio, ó mocidade idealista e sublime! Toma os meus tesouros, retira o que te pertence e espalha com eles — o bem!"

Diogo voltou-se e ia proferir solene juramento, prometendo obedecer. Todavia, a sombra adelgaçou-se, fez-se nívea e transparente como os cirros do inverno e lentamente desapareceu...

* * *

O senhor D. Diogo d'Alvarada e Aragão passou a mão pela fronte inundada de suor. Tinha os olhos dilatados. Estava pálido, extremamente comovido e tremia.

Que lhe sucedera?...

Sonho?... Não! A realidade ali estava, naquelas prateleiras que lhe sorriam escancaradas. Achegou-se a elas. Examinou os potes, levantou as tampas das arcas e dos cofres e recuou assombrado — tanta riqueza perturbava suas modestíssimas aspirações! As súplicas do fidalgo desaparecido ainda lhe tangiam as cordas da alma. Aquele ouro então se lhe figurou sagrado, porque nele contemplou de preferência as ardentes expressões de D. André de Casablanca!

Um gemido de Aurora fê-lo tornar à realidade. Despertou-a docemente, tal como o recomendavam os livros sagrados da biblioteca de ciências secretas, retemperando-lhe as forças, e só depois lhe narrou, como pôde, o extraordinário acontecimento.

O fato agitou, no entanto, a redondeza. A notícia transpôs fronteiras, correu terras: no Castelo Negro um tesouro fabuloso fora descoberto pelo jovem senhor D. Diogo d'Alvarada, o castelão! Vieram os antigos supostos herdeiros do barão falecido, certos de que lhes caberiam algumas peças do estranho achado. Eles, que outrora haviam abandonado a pobre Mariana e mais seu filho às duras provas da adversidade, pensavam, agora, obter favores de ambos. Houve reclamações azedas. Disputaram-se direitos que não existiam. Os juízes e escrivães se agitaram. Releu-se, reestudando-se, o testamento do senhor D. André de Castanhede e Casablanca. Mas o barão previra, decerto, a possibilidade de confusões, pois conhecia a marotagem dos parentes que o tinham preterido a D. Antônio de Aragão, e lavrara suas últimas vontades de forma insofismável, pois que explicava o quesito "e", do seu famoso testamento:

— ...e lego este meu Castelo do Rochedo Negro, *assim como tudo o que dentro dele se encontrar*, à minha muito estremecida prima senhora D. Ângela Mariana Magnólia Francisca de Castanhede e Casablanca d'Alvarada e Aragão, com a qual estive para casar-me noutros tempos...

A tão formal decisão, porém, opuseram os teimosos parentes que o quesito "f" dizia que à senhora baronesa d'Alvarada seriam legados tais bens sob condição de juramento dela, de jamais investigar o que existia na ala habitada pelo próprio testador. Ora, o tesouro fora encontrado nessa ala que Diogo e Aurora haviam devassado; logo, anulada estaria, pelos fatos, a condição "e"; ao que revidaram os juízes que a única herdeira do barão fora D. Ângela Mariana; que a proibição de devassar a indicada dependência fora unicamente dirigida a ela; que não fora a baronesa, e sim seu filho Diogo e sua sobrinha Aurora que haviam desobedecido ao barão, os quais não se tinham comprometido, sob juramento, a obedecer-lhe; que a própria alma de D. André de Casablanca voltara da tumba e espontaneamente indicara aos dois jovens o segredo dos seus cofres, ofertando-lhes o tesouro; e que, finalmente, se D. Ângela Mariana não tivesse direitos à posse daqueles novos bens, apesar do quesito "e", muito menos o teriam os demais parentes, que absolutamente não haviam sido mencionados pelo testante...

Não obstante, Mariana e seu filho, cujos corações pulsavam ao ritmo de formosas qualidades, não descontentaram seus zelosos primos e afins. A todos acolheram bondosamente, beneficiando-os com galhardos favores, já sem se recordarem de que por esses mesmos velhacos haviam sido esquecidos na solidão de vinte anos de amarguras!

* * *

Alguns meses depois, exatamente como sucede nos contos de fadas, o senhor D. Diogo Antônio José Francisco de Castanhede e Casablanca d'Alvarada e Aragão unia-se em matrimônio à mui formosa e gentil menina Aurora de Casablanca.

O auspicioso acontecimento fora celebrado pelo venerável senhor Cura, na própria igrejola da aldeia, que as boas aldeãs amigas de Aurora haviam ornado de rosas brancas.

E, como falamos no venerável senhor Cura, convém esclarecer ao leitor que esse digno representante dos tribunais do Céu fora beatificamente galardoado, pela simplória Mariana, com algumas tantas gordas peças do sensacional achado da torre Norte do Castelo. Mariana quisera, assim, testemunhar agradecimentos, compensando-o dos vexames infligidos à sua respeitável pessoa pela malta dos boêmios invisíveis...

A maior singelez presidiu à cerimônia, porque D. Diogo era de natural modesto e se opusera aos desejos de sua mãe e da boa Margarida, que pensaram na compra de um palácio em Lisboa para uma festança, a que a própria Corte assistiria.

Abençoara-os ao subirem para o altar dos esponsais a senhora baronesa d'Alvarada, que os acompanhara, rutilante de sedas e pedrarias, e remoçada vinte anos, já sem bronquites nem impertinências.

Não se pensara mais na senhora D'Alcântara Fialho.

Diogo, quando, aos atropelos, descera, com sua prima Aurora, as escadarias da torre para participar à mãe a maravilhosa descoberta, tivera o cuidado de acrescentar, narrando, a seu modo, a aparição de D. André, que este o obsequiara com parte do tesouro sob condição formal e juramento de desposar Aurora, por quem mui sinceramente se interessava o ofertante. Mariana, fora de si, diante de tanto esplendor, desmaiara de alegria nos braços de Margarida. Todavia, ao despertar, e depois de serenado o choque, chamara D. Diogo e sua sobrinha Aurora, e, unindo-lhes as mãos e beijando-as, exclamou com lágrimas que lhe molhavam as faces, sinceramente comovida:

— Em intenção à nobre alma do pobre André de Casablanca, que tanto me amou, eu abençoo a vossa união, meus filhos!

* * *

Diogo d'Alvarada foi fiel às súplicas do fidalgo morto. Empregou generosamente a maior parte do tesouro em obras de beneficência. Viajou, descobriu misérias e dores e remediou-as, agasalhando-as, ao contato do ouro de seu primo — a cuja memória rendia entranhado preito de veneração. À frente mesmo do próprio Castelo, na várzea formosa que se estendia, marchetada de roseiras bravas, um edifício majestoso se ergueu às ordens do esposo de Aurora. Vieram algumas boas religiosas a fim de dirigi-lo. Era uma casa santa. À sua sombra, agasalharam-se crianças infelizes, socorreram-se velhos alquebrados, ampararam-se pobres mulheres lacrimosas, nortearam-se mancebos e donzelas desvalidos. Quem quer que por ali passasse, jamais se afastaria sem o ânimo fortalecido para a vida.

Também do vero tesouro que herdara de seu primo — os ensinamentos das ciências secretas e das filosofias transcendentais —, único de real valor existente no Castelo, Diogo distribuiu quanto lhe foi possível. Cauteloso, porque as leis religiosas e civis da época puniam com a morte na fogueira o ousado que se arrojasse a tais estudos e suas consequentes práticas, isto é, as relações entre os homens e os Espíritos, o que hoje se faz às claras — também desse tesouro celeste o jovem doutor espalhou benefícios. Fez discípulos. Educou-os nos rígidos princípios de uma perfeita iniciação — sem a qual ninguém há que se possa considerar eleito! Elevou-os à dignidade de homens honestos e virtuosos. Aprofundou-se mais no terreno das experimentações. Naquele Castelo, outrora sinistro, cintilava, agora, a estrela da Redenção, porque, se à sua frente casas hospitaleiras foram edificadas para proteger os deserdados dos bens da Terra — no interior das suas vetustas salas, almas aflitas, habitantes do mundo invisível, vinham chorar remorsos e pesares de passados erros. Mas Diogo, que, nos livros sábios dos iluminados do Oriente, havia aprendido a distribuir o pão do Céu — com elas falava, consolando-as, aconselhando-as, apontando-lhes a trajetória nova a seguir, a fim de se aliviarem do peso de tão grandes dores.

— Essa trajetória, meus amigos — explicava o jovem iluminado às almas defuntas que o visitavam —, traçada durante milênios pelos mais eminentes missionários do Todo-Poderoso que honraram o nosso mundo com sua presença e suas lições perfeitamente divinas, encerra-se nestas três virtudes que os homens e os Espíritos deverão compreender e fazer desdobrar-se em benefício de si mesmos e do seu próximo: Amor! Fé! Trabalho!

O próprio D. André Luís Januário voltara muitas vezes a visitar e aconselhar D. Diogo. Trouxera a malta de boêmios, os quais foram, como outros que ali entravam, norteados para o bem.

E tudo isso se fazia em homenagem a D. André de Castanhede e Casablanca, por sua vontade expressa de Além-Túmulo. Sua memória foi, assim, reabilitada, e, alguns anos mais tarde, falava-se em seu nome com respeito, amor e veneração!

Tal é o valor da beneficência!

Bendita sejas, ó beneficência, predileta dos Céus!

Que à tua sombra protetora se solucionem todos os problemas humanos!

Que a paz, que teus gestos representam, possa trazer ao mundo as bem-aventuranças do Céu!

E que, banhados nos fulgores divinos da tua inspiração — oh! possam os homens se amar fraternalmente uns aos outros, como foram amados pelo maior de todos os missionários divinos que honraram a Terra com sua presença — aquele Jesus de Nazaré, exemplo inconfundível da indulgência, do amor e do perdão!

FIM

CARIDADE: AMOR EM AÇÃO

Sede bons e caridosos: essa a chave que tendes em vossas mãos. Toda a eterna felicidade se contém nesse preceito: "Amai-vos uns aos outros". KARDEC, Allan. *O evangelho segundo o espiritismo*, cap. 13, it. 12.

A Federação Espírita Brasileira (FEB), em 20 de abril de 1890, iniciou sua *Assistência aos Necessitados* após sugestão de Polidoro Olavo de S. Thiago ao então presidente Francisco Dias da Cruz. Durante oitenta e sete anos, esse atendimento representava o trabalho de auxílio espiritual e material às pessoas que o buscavam na Instituição. Em 1977, esse serviço passou a chamar-se Departamento de Assistência Social (DAS), cujas atividades assistenciais nunca se interromperam.

Desde então, a FEB, por seu DAS, desenvolve ações socioassistenciais de proteção básica às famílias em situação de vulnerabilidade e risco socioeconômico. Fortalece os vínculos familiares por meio de auxílio material e orientação moral-doutrinária com vistas à promoção social e crescimento espiritual de crianças, jovens, adultos e idosos.

Seu trabalho alcança centenas de famílias. Doa enxovais para recém-nascidos, oferece refeições, cestas de alimentos, cursos para jovens, serviços de convivência e fortalecimento de vínculos para idosos e organiza doações de itens que são recebidos na Instituição e repassados a quem necessitar.

Essas atividades são organizadas pelas equipes do DAS e apoiadas com recursos financeiros da Instituição, dos frequentadores da Casa e por meio de doações recebidas, num grande exemplo de união e solidariedade.

Seja sócio-contribuinte da FEB, adquira suas obras e estará colaborando com o seu Departamento de Assistência Social.

Edições
NAS TELAS DO INFINITO

EDIÇÃO	IMPRESSÃO	ANO	TIRAGEM	FORMATO
1	1	1955	10.000	12,5x18,5
2	1	1968	5.000	12,5x18,5
3	1	1977	6.000	13x18
4	1	1978	10.000	13x18
5	1	1978	10.000	13x18
6	1	1982	10.000	13x18
7	1	1985	10.000	13x18
8	1	1987	20.000	13x18
9	1	1991	10.000	13x18
10	1	1996	5.500	13x18
11	1	2002	3.000	12,5x17,5
12	1	2003	2.000	14x21
12	2	2007	1.000	14x21
12	3	2008	1.000	14x21
12	4	2009	1.000	14x21
12	5	2011	2.000	14x21
13	1	2013	3.000	16x23
13	2	2015	700	16x23
13	3	2016	3.000	16x23
13	4	2020	200	16x23
13	5	2021	3.000	16x23
13	POD*	2021	POD	16x23
13	IPT**	2022	430	15,5x23
13	IPT	2023	350	15,5x23
13	IPT	2023	500	15,5x23
13	10	2024	1.000	15,5x23

*Impressão por demanda
** Impressão pequenas tiragens

www.febeditora.com.br
@febeditoraoficial
@febeditora

Conselho Editorial:
Carlos Roberto Campetti
Cirne Ferreira de Araújo
Evandro Noleto Bezerra
Geraldo Campetti Sobrinho – Coord. Editorial
Jorge Godinho Barreto Nery – Presidente
Maria de Lourdes Pereira de Oliveira
Miriam Lúcia Herrera Masotti Dusi

Produção Editorial:
Elizabete de Jesus Moreira

Revisão:
Elizabete de Jesus Moreira
Neryanne Paiva

Capa e Projeto Gráfico:
Ingrid Saori Furuta

Diagramação:
Rones José Silvano de Lima – instagram.com/bookebooks_designer

Foto de Capa:
istockphoto.com | typo-graphics

Normalização Técnica:
Biblioteca de Obras Raras e Documentos Patrimoniais do Livro

Esta edição foi impressa pela Repro-Set Indústria Gráfica Ltda., Curitiba, PR, com tiragem de 1 mil exemplares, todos em formato fechado de 155x230 mm e com mancha de 116,4x179,9 mm. Os papéis utilizados foram o Off white bulk 58 g/m² para o miolo e o Cartão 250 g/m² para a capa. O texto principal foi composto em fonte Minion Pro 11,5/15,2 e os títulos em Filosofia Grand Caps 24/25. Impresso no Brasil. *Presita en Brazilo.*